兜底

修炼为自己撑腰的能力

晴山 ——— 著

中国友谊出版公司

图书在版编目（CIP）数据

兜底 / 晴山著 . —— 北京 : 中国友谊出版公司，

2024.10 -- ISBN 978-7-5057-5997-8

Ⅰ . C912.1-49

中国国家版本馆 CIP 数据核字第 2024ZT1049 号

书名	兜底
作者	晴山　著
出版	中国友谊出版公司
发行	中国友谊出版公司
经销	北京时代华语国际传媒股份有限公司　010-83670231
印刷	唐山富达印务有限公司
规格	690 毫米 ×980 毫米　16 开
	10.5 印张　86 千字
版次	2024 年 10 月第 1 版
印次	2024 年 10 月第 1 次印刷
书号	ISBN 978-7-5057-5997-8
定价	49.80 元
地址	北京市朝阳区西坝河南里 17 号楼
邮编	100028
电话	（010）64678009

前　言

　　《第二性》的作者波伏娃说过这样一段话：男性的幸运——在成年时和小时候——就在于别人迫使他踏上最艰苦但也最可靠的道路。女人的不幸就在于她受到几乎不可抗拒的诱惑包围，一切都促使她走上容易走的斜坡：人们非但不鼓励她奋斗，反而对她说，她只要听之任之滑下去，就会到达极乐的天堂。当她发觉受到海市蜃楼的欺骗时，为时已晚。她的力量在这种冒险中已经消耗殆尽。

　　遇到困难的时候，有的女孩会期待有人能对自己说"别怕，有我在""我养你啊"，希望别人能成为自己的依靠。但事实上，这既虚幻又危险，靠山山会倒，靠人人会跑。一个人无法终生依赖父母、伴侣、朋友，我们之所以会焦虑，究其根源是没有给自己人生兜底的能力。但是正如波伏娃所说，女性并非天生拥有兜底的意识和能力，我们容易滑入依赖中，容易被外界营造的美好幻象所迷惑。如果没有经历过世事的淬炼，而且还受某些影视剧影响，我们就会像温室里的花朵，懵懂、脆弱而又理想化，总是在幻想爱情、亲情、友情，幻想有人踏着七彩祥云来拯救自己，但这不可能。

只有经历了叫天天不应叫地地不灵、崩溃无助、哭天抢地，愤怒恐惧达到顶峰的绝境，你才能彻底看清这个真实的世界和复杂的人性，你那个充满粉色泡泡的信仰体系会在瞬间轰然坍塌，那些你曾经无比仰仗、无比依恋的东西，就像玻璃一样碎了一地，你的"小我"也随之被摔了个稀巴烂。在那一瞬间，你索性放下对外界的一切期待，关闭外在求索的飞轮，咬紧牙关开始启动自己的内在飞轮。

这时候，只有自己为自己兜底，也只能自己为自己兜底。

在经历了歇斯底里、恐惧绝望后，你抹干了眼泪，平静地收拾"小我"的碎片，决定把一个叫作"兜底"的原料加进去，重新塑造一个新的自我。正所谓心不死则道不生，你的那颗心一点一点地硬了起来，你的眼神也越来越凌厉，新的"自我"的诞生，意味着你依赖的外在心智体系彻底崩塌，自己为自己兜底的新的心智体系开始工作。而恰恰在这样的低谷和逆境中，你才得以认清自己，明白自己内心真正的需要，不再被眼前的浮云遮蔽，真实地做自己，追随自己内心的使命。你开始把所有的时间、精力都转移到自己身上，在黑暗中跌跌撞撞地成长：用责任、坚强、独立、勇敢把自己重养一遍，形成全新的自我内核。在痛苦的蜕变中涅槃重生，在泥泞中依然追求自己的人生目标，这往往也是成长最快的阶段。

往往这个时候，生活守得云开见月明，而你心里知道：当你独自穿过了暴风雨，你就不是原来的那个人了。你在逆境中长出的那副坚毅的翅膀，带着你穿越荆棘，带着你逆风翻盘，带你飞向远方，带你进入人生的新阶段。就像《繁花》里汪小姐大声喊出："27号不是我的码头，我是我自己的码头！"你就知道她离成功不远了！

作为普通人，我们一定要尽早有给自己兜底的意识和能力。女孩们，请谨慎地做出选择，把命运的每一个转折点牢牢掌握在自己手上，是清醒靠谱地为自己兜底，还是滑向万劫不复的深渊，这都取决于你自己。要趁早学会为自己兜底，当机会来临时，你有把握它的底气；当困境出现时，有击穿它的能力；当挑战来临时，有逢山开路、遇水搭桥的勇气；当山重水复疑无路的时候，有破局的智慧。始终把稳人生的方向盘，让自己给自己最踏实的安全感。

姑娘们，我真心希望你们不是通过绝境逢生来获得人生智慧的，假传万卷书，真传一句话，在这里，我愿意把这个核心智慧凝练成一句神奇的咒语，那就是：我为自己兜底。每当我万念俱灰的时候，心里就会升腾起这句话，无穷无尽的力量就会随之升起。

这本书，是我送给这个世界的礼物，书中不仅仅有兜底——100%自我负责的信念，更有一套教你如何兜底、启动内在力量的方法论。创作这本书的初心就是不想看女孩们在痛苦中挣扎，所以我把自己真实的故事和摸索的经验毫无保留地分享给大家，愿你们都能有为自己人生兜底的勇气，长出属于自己的翅膀！本书分别从自我觉醒、自我驱动、自我挑战、放下期待、拒绝内耗这 5 个维度，给出了 18 条破局锦囊。姑娘，你拥有为自己人生兜底的信念和方法，就掌握了强者的内核，就可以活出自己生命的无限潜能！

目 录

第一章
自我觉醒　40岁也可以重启人生

我既是父母的女儿、孩子的母亲，又是丈夫的妻子、公婆的儿媳；我曾经是老师的学生，现在是老板的员工。我有很多身份和责任，可惜那都不是我自己。然而，在我乘坐的飞机差点坠毁那一刻，命运的齿轮开始转动，那个沉睡了多年的自我开始觉醒，我终于决定往后余生要为自己而活。

曾经听过一句话："人与人之间最好的关系，就是没有关系。"我想，这话过于绝对和凉薄。人与人之间不可能没有关系，但必须在关系中守住各自的边界。年纪越大就越会发现，和任何人走得太近，最后都是一场灾难。无论父母、子女，抑或伴侣、朋友，每个人都只会陪我们走一程。生命终将是一场孤独的旅程。

第二章
内在驱动　目标是最好的动力系统

"现代管理学之父"彼得·德鲁克曾说："不能衡量的东西，就不能驾驭。"目标也是如此，它不能空洞，不能太大，要学会拆解，当拆解到最小颗粒度时，一切执行就没有什么难度了。清晰是一种力量，人有时候没有行动力，往往是因为没有清晰的目标。一旦目标确定了，路径就水落石出，一步一步去执行就能实现。

叔本华曾说过："人生就是一团欲望，欲望得不到满足就痛苦，欲望得到满足就无聊，人生就像钟摆一样在痛苦与无聊之间摇摆，而人生最后的结局又是死亡，所以说人生根本就没有意义。"的确，人生没有任何意义，我想要的人生，无非是和喜欢的人在一起，做自己喜欢的事，仅此而已。

第三章
不断挑战　不逼自己一把，永远不知道你有多优秀

稻盛和夫说："甘于现状就意味着开始退步。"所以要勇于面对挑战，给自己定任务的时候，一定不要甘于现状，要让自己踮起脚够一够，不要在原来的功劳簿上睡大觉。我们在给自己定任务时，要敢于对自己狠一点，不逼自己一把，你永远不知道自己有多优秀。

《百年孤独》里有一句经典的话："人的精神寄托可以是音乐，可以是书籍，可以是工作，可以是山川湖海，唯独不可以是人。"我想说，人的寄托或许也可以是人，但这个人必须是自己。无论任何时候，我都永远坚定地爱自己、支持自己，为自己撑腰。

真正顶级厉害的人在人格层面都是雌雄同体，自成阴阳。既有菩萨低眉，又有金刚怒目；既有大的战略，又有小的细节。在一阴一阳之中达成对立统一，这样才是一个完整的个体，也真正符合"道"的概念。这种人才能做成事，因为他可以在这两种人格里任意切换。

第四章
放下期待　我就是自己的码头

电视剧《天道》中，深谙为人处世之道的丁元英认为，决定一个人成败的不是智商，而是三种"弱势"思维，即"等""靠""要"。等着天上掉馅饼，等着别人来拯救自己；任何事都想靠别人，靠父母、靠另一半、靠朋友；习惯性伸手向别人要，要钱、要情绪价值、要希望、要信心。与这种思维形成鲜明对比的，是张桂梅老师在"华坪女子高中誓词"中说的："我生来就是高山而非溪流，我欲于群峰之巅俯视平庸的沟壑。我生来就是人杰而非草芥，我站在伟人之肩藐视卑微的懦夫。"

不要高估他人，也不要低估自己，打破对他人的滤镜，停止对自我的贬低，祛魅才是一个人变强的开始。他强任他强，清风拂山岗。一重山有一重山的错落，你也有你的平仄，把时间和精力用在自己身上，想方设法让自己变得更好，才是王道。

不是你摔倒就会有人扶你；不是你困难就会有人帮你；不是你委屈就会有人关心你；路要自己走，苦要自己吃，事要自己扛，不要总是把希望寄托在别人身上，调整心态让自己足够强大，靠自己，为自己的人生兜底是我们一生最大的底气。

一段成熟高质量的爱情是发生在两个具有完整人格的人之间，相互滋养和欣赏的，绝不是一方的讨好和牺牲可以成全的。先让自己的内心完整起来，要知道爱情从来只是锦上添花，不会雪中送炭。他很优秀，你也棋逢对手，这样才能碰撞出真正的爱情。

第五章
拒绝内耗　永远为自己撑腰

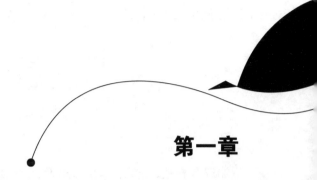

第一章

自我觉醒

40 岁也可以重启人生

人是由内而外地发生变化的，只有自我觉醒了，你才知道为你兜底的人是谁，你的人生谁做主。

首先我是我自己，其次都是其次

　　2017 年初秋，北京的天空万里无云，我搭飞机去重庆组织一位知名作者的新书发布会。航班一早从首都机场起飞，一切都很顺利。每次坐飞机我都喜欢坐在窗边，安静地看着窗外的景色。起飞没多久飞机就进入了平流层，大家在飞机上有说有笑，吃顿饭、喝点饮料就到重庆上空了。空姐说还有 35 分钟就降落了。

　　没想到刚到重庆上空，云层一下子变得厚实起来，飞机像钻进了脏脏的大棉被里一样。坐在机窗边的我看着窗外，能见度迅速降低。在飞机一边穿越云层一边下降的过程中，我们也感受到了持续的颠簸。突然，飞机一下子直线下坠，感觉像失去了控制。我心里猛地一揪，周围的乘客不禁大叫起来，空姐也吓得花容失色，纷纷回到座位上。

　　飞机好不容易不再直线下坠，慢慢恢复了控制，紧接着又开始了剧烈颠簸，犹如过山车般的颠簸让我的胃恶心难受，我吓得闭上了眼睛。还没从难受中恢复过来，飞机又开始第二次失控似的直线下坠，我感到身体失重，突然睁开眼，看着窗外，云层已然没有之前那么浓密了，阳光也出现了，飞机在云层中颠簸摇晃，可以清晰地看到云层的阴影斑驳，飞速掠过机翼。伴随着飞机剧烈的颠簸，在众旅客的大叫声、各种餐具的丁零当啷声，以及机组惊慌失措的提示声中，我猛地清醒了：这不是在电影院，也不是在梦中，自己正在从万米高空急速下降的飞机上！

在这云层穿梭颠簸之时，我揪着的心却渐渐平静下来，我突然意识到这个场景似曾相识。我一直一如平常地生活着，不温不火，每天上班下班，不是去单位就是回家里。直到有一天我狠狠地撞在了一堵墙上，撞得鼻青脸肿，自己就像在云层里颠簸的飞机一样，一度失控，一度惊心动魄，痛得不能自已。我不禁想起了山本耀司的那句话："自己"这个东西平常是看不见的，只有和很强的东西碰撞之后，才能看到自己。是的，跟很强的东西、可怕的东西、水准很高的东西相碰撞，反弹回来，然后才知道"自己"是什么，这才是自我。

正是因为撞上了这堵墙，"自己"反弹回来了，我才意识到自我的存在。以前都是身体上活着，这次突然真实的撞击，撞疼了自己的心，让我意识到这个自我，这颗心，它实实在在地存在。这个内在的自我觉醒了，它睁开了眼睛，原来它也会疼，它也会有反应。

原来，我是我自己，我不是谁的女儿，不是谁的妻子，不是谁的妈妈，不是谁的员工……我首先得是我自己。如果没有自我这个"1"，其他一切身份的意义都是"0"。当我意识到自我的时候，它已经被我忽略了很多年，一直尘封在角落里。当鼻青脸肿的我小心翼翼地打开它时，我才发现自己找到了生命的源头。

想到这些时，我感觉一股心流滑过，这大概就是所谓的高峰体验吧。我暗自思忖：如果这一刻飞机坠落了，自己后不后悔？答案是肯定的，因为这一生，我甚至还没有真正地开始过。此时此刻在离地万米的高空中，我泪流满面，任由泪水冲刷着自己的心灵。在那一刻，我真真切切地感受到自己的生命是如此珍贵和脆弱，自我又是如此宝贵。我不甘心就这样结束，我还没有开始我的人生呢，我不能就这样草草地了结一生！于是，我在心里不停地虔诚祈祷着：

老天爷，如果这次能让我平安落地，我一定好好珍惜自己，活出独一无二的自我。

老天爷好像听到了我的祈祷，渐渐地，飞机得到了控制，先是停止了下坠，慢慢地，颠簸也逐渐减轻，这时大家才松了一口气。邻座的大哥歪着头看了我一眼，许久没作声，拿着纸巾想递给我却欲言又止，他估计觉得我是被吓哭了。但我内心很笃定：我的心中充满了前所未有的踏实、感恩和希望，因为在这短短的几分钟里，在这个生死关头，我终于觉知到内在自我的存在，我已经与内在的自我联结上了，我明白了自己存在的意义和价值！

我觉得这一刻太不容易了，能悟到这一点实属难能可贵，尽管后面的飞行中，飞机还有一点小颠簸，但我依然沉浸在自己的思绪中。直到飞机稳稳地落在江北机场，我那颗始终悬着的心终于落定，我知道自己重生了。

感恩老天爷用这种隐喻帮我开启了自我觉醒。记得那天当我扶着舷梯从飞机上走下来的那一刻，清风吹拂着那张还带着泪痕的脸，我却觉得美好。我静静地驻足看向远方：我第一次觉得天是那么蓝，朵朵白云点缀其间，美得不像话，耀眼的阳光洒在人间大地，也暖洋洋地照在我的身上。我的内心一下子喷涌着无比多的感恩和喜悦，如火山爆发一般，眼泪再一次决堤。但那一刻我知道，活出自我是我重生的主题。

觉醒时刻

　　我，不隶属于任何标签之下，不是家族的延续，不是婚姻的附属，不是母爱的唯一诠释，更不是职场的角色扮演。我首先是我自己——一个独立而自由的灵魂。

　　我拥抱每一个真实的瞬间，不为任何人而活，只为那份纯粹的自我实现与幸福。

任何关系，其亲疏远近都是动态的，没有永恒的亲密

　　我有个阿姨，一辈子在商场叱咤风云，积累了很多财富，但是她在婚姻生活中却总是受伤。她老公的能力、格局、眼界、资源远远不如她，却有一种能力，就是在感情中拿捏妻子，总是恶言相向、阴阳怪气。只要有他在的场合，大家最终都会不欢而散。阿姨在外风光无限，但是一说到感情就唉声叹气，悄悄抹泪。我有时候感叹，为什么她在外面那么能干，仿佛能搞定全世界，却独独搞不定自己的婚姻呢？她的遭遇引发了我很多的思考。

　　人总是在处理两种关系：自己与自己的关系，自己与别人的关系。当然了，自己与自己的关系最重要，因为自己与别人的关系也是自己与自己的关系在外的投射。很多时候，我们会有这样的感受：在与别人交往的过程中，为什么受伤的总是自己，感到内疚的也总是自己？对方甚至可以一而再，再而三地拿捏、伤害你。更令你奇怪的是，不仅仅是一个人，好像周围的所有人都联合起来，你很难与周围的人建立健康的人际关系。如果是这样的话，想想是不是自己出了问题，哪里出了问题。

因此，我们要强化以下三点。

自我

自我是一个人灵魂的栖息地。人一定要有强大的自我，这个自我就像是一座房子，而且这座房子越大、越华丽越好，最好是一座宫殿，而你的灵魂就是这座宫殿的国王。你主宰着自己所拥有的一切。每个人都有两种生存空间——物理空间和心理空间。除了相对有形的物理空间，我们每个人还有一个看不见摸不着的心理空间，被一道无形的心理边界环绕着。这个心理空间就是每个人的自我。

有的人在事业上发展得很好，现实中住着富丽堂皇的大房子，但是在精神层面却连一间遮风避雨的小棚子都没有，经常"寄人篱下"。没有自我的人，灵魂无处安放，整天到别人家去打工，看别人的眼色。这种人经常把所有的人都考虑到了，唯独把自己给忘了。没有自我，没有自我的主宰，只考虑别人的想法，想方设法迎合别人，不受伤才奇怪呢。没有自我的人，想在人际关系中赢得大家的尊重和敬意很难，因为他的待遇全凭别人素质的高低来决定。所以只有让自我强大起来，让灵魂住进华丽的宫殿，让自己当自己的国王，才能获得他人的尊重。讨好型人格的人就是没有自我，在情感和心理上习惯于依赖和乞求的人。这种人一辈子最重要的事情就是不停地讨好别人，其生活的意义和价值依存于别人给他的反馈。别人说他好，他就开心；别人说他不好，他就惶恐。这样的人是空心人，也是可怜人。

"自我"跟你的能力、身份、性别等外在没有任何关系。不管你是否很能干，是否很有钱，是否已经一把年纪了，也不管你是男是女，都要积极地去建立"自我"的概念。

边界

此处的"边界"，就是上文说的心理空间那道无形的心理边界。我们日常生活中很多问题都是人与人之间没有边界或者边界模糊造成的。父母对孩子，容易没有边界；夫妻之间，容易没有边界；领导对下属，容易没有边界。

这个边界就像是一个国家的边界线，是神圣的城墙。每个人都应该有边界意识，当周围的人打着爱或者其他旗号来干涉或者侵犯你的时候，你一定要有底线。谁都不应该做你的主人，自己的"国土"当然也不能拱手相让，哪怕是你的配偶和长辈。你不是他们的附属品，你们之间的交往是平等的。一味失去底线和边界的后果就是，别人到你的"国土"来当"国王"，你的"国土"就成了别人的"殖民地"。冲突自然是难免的，受伤也没有什么悬念。

人与人之间关系的最高标准不是热情，不是体谅，而是健康。即具有优良品质的感情，一定是一段健康平等的感情，不存在以一方的委屈和善良来迎合对方的满意和需求，以换取双方暂时的和平。当然，霸道的人会对受伤的人给予强化：你是个好人，你是个善良的人。为了维护你的这个"好人"标签，你就会继续受别人的欺负和拿捏。可是，"好人"标签并不能改变你受伤的现实，你永远都不开心。如果善良不能换来善良，那善良又有什么意义呢？

每个人在跟别人相处的过程中，都要有自己的底线，如果对方触犯了你的底线，你就要给对方警告或者让他吃点苦头，否则的话，他会不断地来试探你的底线。你如果没有边界意识，就会节节溃败，最终沦为别人的"奴隶"，对方怎么欺负你，你都没脾气。

有一次我参加活动，听到一个女孩流着泪说，她老公是当地的富二代，家境殷实，但是人很霸道。他们第一次起冲突，他就打了她，她不敢吭声；

第二次起冲突，她老公跟婆婆一起打她，她也不敢吭声；第三次冲突，她婆婆打电话把她父母叫过来，对着他们一家三口训话。她的父母还唯唯诺诺，不断地附和着亲家数落自己女儿。这个女孩实在是太苦了，如果不维护边界，后面的情况会越来越糟糕。反观我的朋友小芳，结婚后有一次跟老公发生冲突，老公打了她一巴掌，她立马毫不犹豫地狠狠把对方从床上踹飞出去，对方疼得嗷嗷叫。从那之后，她老公知道她是个狠人，再也不敢轻易动她。边界就是底线，我有不掀桌子的修养，也有掀桌子的能力。

免疫系统

众所周知，一个国家必须有自己的武装力量，否则敌对力量便可能长驱直入，城墙、边界形同虚设。国家若没有自己的部队和武装力量，就相当于老虎没有牙齿，只能任人宰割。不仅仅是国家，人体也是这样，一旦免疫系统被破坏，就连哪怕一点点的常见病毒都抵御不了。健康的人通过自己的免疫系统来对抗外界病毒的进攻。在一个成熟完备的组织中，如国家、人体都有自己的部队或者免疫系统。一旦受到侵犯，部队就会冲锋，白细胞就会冲锋，拼命保护自己的国家和身体。作为人来说，也需要一种精神上的武装力量或者免疫系统，如果有人打着各种旗号来侵犯你，拿捏你，掌控你，你就应该毫不犹豫地启用你精神上的防御力量重重地予以反击，守卫自己的领地，否则任由别人在你的疆界中胡作非为，你能不深受苦难吗？

就像前文提到的女孩，她不敢反抗，她的家人也不敢为她发声，就只能任人拿捏，结果对方就会得寸进尺。

所谓"你的善良，当有锋芒"说的就是这个意思。在人的成长过程中，有三个阶段：第一，孩童时伊甸园般无忧无虑的阶段，因为有家庭为你遮风挡雨；第二，初进社会，仍然秉持着简单善良的品质，以为一味付出和迎合就能很好地与人相处，骆驼般任劳任怨地忍辱负重，但这样的善良很容易被心怀不轨之人利用；第三，经历了人性的复杂和黑暗之后，并没有黑化，而是成为有智慧且有力量的人，心中仍有善良，但这种善良是有锋芒、有力量、有智慧、有选择的。这是一个人成长的必经道路，不仅懂得不侵犯别人，更要懂得怎样保护自己，不再迎合，不再贪恋"好人"标签，不再低级地善良。

罗曼·罗兰说过："世界上只有一种英雄主义，那就是在认清了生活的真相后，仍旧热爱它。"希望你能记住：自我、边界和精神上的免疫系统，是一个成熟个体最低的标配。下次再有人敢欺负你，你能狠狠地制止对方：你再动我试试！

觉醒时刻

　　真正的善良，不等于软弱可欺。

　　我的善良，应当带有不可侵犯的锋芒，那是对自我边界清晰而坚定的宣告，是对所有试图越界者的有力震慑。

　　真正的力量，源于对自我边界的坚守与尊重。在这样的力量与骄傲的支持下，我将无坚不摧，勇往直前。

5000 次的打击，5000 次的站起，能定义我的只有我自己

有一次临近期末，孩子把她的语文书打开给我看，课本翻到最后一页，满满地贴着小红花。她骄傲地说："妈妈，你看我棒不棒？"

这瞬间让我想起我小时候，也特别在意老师给我贴的、盖的小红花，特别在意自己期末有没有奖状。长大后，我特别在乎父母给我的评价。作为"80 后"，我的父母信奉打击教育，害怕我有点成绩就翘尾巴，所以对我多是打击、批评，让童年的我仿佛是一株长在阴暗角落里的蘑菇。我特别渴望能有一丝阳光照进角落，哪怕只是让我看到阳光的存在。我苦苦追求了很多年都求而不得，甚至很长时间我觉得父母是不爱我的。

当我跟别的孩子争抢玩具的时候，我父母会说："乖，你最懂事了，把玩具让给小弟弟。"当我跟邻居小孩吵架的时候，我父母会说："你怎么能跟人吵架呢？做个安静的孩子不好吗？"当我跟表弟、表妹打架的时候，我父母会说："这么大了，不能让人省点心吗？你看人家多听话，就你事多。"

他们全然不顾我的委屈和泪水。

后来我进入了婚姻，我老公说："就你整天事多，哪个妻子不在家做饭、拖地、照顾孩子？这个月的工资赶快打给我！"我公婆说："女孩子不要有那么多的追求，把家庭搞好就行了。明天宝宝打疫苗你记得请个假，不要让你老公工作分心！"我父母说："你工作上差不多就行了。男主外，女主内，你当好贤妻良母，把家庭搞好就是你最大的价值。"在工作中，领导说："你要大度一点，你要低调一点，你要高风亮节一些，你不要以为你创造了价值就是英雄，你不要居功自傲，不要有太多的想法。"

…………

那些年，我感觉我承受的委屈越来越多。

是的，那些年，我活出了乖，活出了懂事，活出了贤妻良母，活出了大度，活出了低调……活出了所有人心中的完美形象。我得到了很多小红花，得到了很多奖状和赞誉，但是唯独没有活出我自己，我的内心是空的，像个空心人。所有人都很满意，但我知道自己的内心一直在呜咽，我一度内心错乱抑郁，我不知道自己这样如行尸走肉地活着能挨到什么时候。夜深人静，所有的人都酣然入眠，而我还得半夜起床，在卫生间关上门，绝望地用挤奶器挤奶，听着电机嗡嗡嗡地响着。那个时候，我绝望，我恨自己，我一次次地叩问自己内心：我到底是谁，我到底要活出怎样的人生？这样的生活是我追求的吗？

做这样的自己，我甘心吗？

为了别人的赞美、认可，为了别人给你发小红花，你就可以不顾一切，丢了自己吗？我的答案是：不可以！你要知道的是，当你需要谁的认可，你若活在他的嘴里，就被封印住了。这个人有可能是你的领导，是你的爱人，是你的父母。

后来我带孩子读绘本，读到一本书叫《你很特别》：微美克人是一群小木头人，他们都是木匠伊莱雕刻成的。微美克人每天只干一件事，就是给别人贴贴纸。漂亮的、漆色好的、会唱歌的、有才能的木头人会被贴上金星星贴纸，那些没有才能的或是褪了色的木头人，就会被贴上难看的灰点点贴纸。胖哥就是。木头人胖哥被贴了满身的灰点点。他觉得自己一无是处，甚至不敢出门，怕做错了什么又被贴上更多的灰点点。有一天他遇见了一个身上没有任何贴纸的木头人，她叫露西亚。露西亚建议他去找创造者伊莱。胖哥终于见到了伊莱。伊莱对胖哥说："你很特别，因为人就是很特别，不需要任何条件。只有当你让贴纸贴到你身上的时候，贴纸才贴得住。当你在乎贴纸的时候，贴纸才贴得住。"当我们认可了那些"灰点点"，便会被它困住，陷入自我怀疑，变得越来越不自信；当我们更加相信自己，便不会被"灰点点"影响，就可以真正地做自己，成为更好的自己。这里的金星星贴纸也好，灰点点贴纸也好，其实都是小红花思维。

显而易见，小红花思维有两种表现：

第一，给你小红花，贴好的标签，就是金星星贴纸。很多人很喜欢用"乖"来当金星星贴纸，你听话、顺从、没有任何想法，就叫乖。乖的本质是一种上对下的俯视，像家长对孩子，领导对员工，没有平等和尊重，只有掌控。听话本质上是一种无能，乖小孩掐掉了自己内心需求的火苗，迎合外在的要求，被别人支配着，一生都是NPC（游戏术语，非玩家控制角色）。在人生游戏中，这种人一辈子都当不了玩家，一直被玩家操控，找不到生命的意义，生命力在一点点地凋零。

第二，给你小黑花，就是灰点点贴纸，给你洗脑，让你自卑。比如有人刚开始对你特别好，但是他不断地告诉你：你的内心有个贫穷的小孩，哪怕你现在很有钱了，你依然需要报班上课，需要学习。在这个过程中，有的人就会被洗脑成功，被贴上标签，乖乖就范。

小红花思维本质上是你在求认可，当你的内核没有建立起来，当你的人格没有健全，当你没有建立起自我认知，当你的内在力量没有生发出来，你就像一根墙头草，风吹两边倒。贴金星星也好，贴灰点点也罢，本质上都是为了控制你，让你乖乖地被别人牵着鼻子走，被别人掌控。

渐渐地，我拒绝了外界的小红花，内在的力量渐渐养成。威廉·华莱士在电影《勇敢的心》里有一句非常经典的台词："你的内心是你最后的领地，在那里你可以成为你想成为的任何人。"如何才能让自己的内心更有力量呢？这里我给大家介绍一些方法。

拿回定义自己的权利，启动内在"发电系统"

我的生命我做主，我的身份我做主，我的未来我做主，其他人统统给我闭嘴！

当你向外寻求认可，甚至不惜付出代价来讨好别人，那么你所有的价值、意义、定义都来自外在，依赖于外在。我曾经就是一个喜欢讨好别人的人，特别在意别人对我的评价，希望得到别人的认可，我所做的一切就是为了让别人说我好，说我能干。当年我辞职创业，很大程度上是为了证明自己，证明给老公、父母、公婆、原来的领导看。可是我一点也不开心，最后我发现他们眼中的好与不好，根本不是我可以控制的，而是无常的。那么，我为什么要去追求这种虚无缥缈的东西呢？

《正面管教》中有个观点：5000 次的肯定换来孩子的自信。而有些人的童年，不仅没有 5000 次的肯定，还有 5000 次的打击。从 2018 年开始，我就在社群里给各种作者做图书创作辅导，接触了很多人。我真心地对待大家，也收到了大家真心的反馈，所以有段时间我把大家给我的正面反馈和赞美都记在了本子上，闲来无事就看看，原来我这么棒啊！后来我发现这样光依赖外在的评价系统是不够的，所以我开始每天给自己写肯定日记，每天记录 3 件自己做得特别棒的事情，点点滴滴的闪光点、点点滴滴的进步我都不放过。而且我还会定期复盘，渐渐地我发现了很多共性，比如，我很擅长探索内在心灵，擅长逻辑架构、全脑思维；我很擅长创作、创新。我非常注重成长，在关键时刻我非常有决断力，也非常有眼光，可以看到未来的趋势。在现实中，一次次的成绩，一次次的结果，一个个的数字，验证了我对自己的定义和评价。就这样，我启动了自己内在的"发电系统"，靠这种方式，把自己重新培养了一遍，我把自己从小缺失的自信加倍赢回来了。我很清楚地知道自己是什么样的人，所以对于别人送来的小红花，不管是金星星还是灰点点，我都不为所动，也不再外求。

要打造自己的深度关系

拥有自己的认可和定义，并不意味着你不需要朋友。如果在原生家庭和亲密关系中，你得不到你想要的滋养，没关系，这很正常，这说明你成长的速度太快，周围的人跟不上你而已。你也不需要去埋怨或者懊恼，可以直接打造一个属于自己的深度关系的圈子。人不需要多，但要足够了解你、相信你、支持你，可以是新认识的朋友，也可以是多年的闺密。彼此相互照见，他们就像一面镜子，给你最真诚的反馈，出发点都是为了你好，而不是控制你。

我有一个好朋友叫朱玲，我们俩一起上课，一起写作，一起成长，一起分享秘密，每次我去上海都住在她家。有一次我们见面，她突然买了很多衣服、鞋子，还有化妆品，把自己打扮得特别漂亮。我好奇地问："你这是怎么了？咱俩不是重视心灵的人吗，你怎么突然就打扮上了？"她告诉我："从现在开始，我要对自己 100% 负责，对自己的身材 100% 负责，对自己的外貌 100% 负责，对自己的精致 100% 负责，没有人会透过你邋遢的外表去认识你钻石一般的内在。"于是，我被她打动了。我们一起去买了很多漂亮的衣服和化妆品，回北京后我也开始积极锻炼身体，重视自己的外在。我也决定要做个对自己 100% 负责的人，外在也是我的一部分，我当然要为它负责。

在这件事情上，朱玲没有给我贴任何标签，没有说服我。只是她自己身体力行并且向我展示，我觉得很有道理，就被带动了，自发自主地去改变。她的出发点不是为了控制我，也不是为了显摆自己，而是把自己改变后的美好状态呈现给我看。当然，这是深度关系的朋友，我知道她不会控制我，她只会真心希望我好。

对于深度关系以外的人送的小红花，要提防

他们不懂你，也不了解你，怎么会好端端地给你送小红花呢？大概率是用这种方式来控制你。给你戴一顶高帽子，往往让你很享受，但之后你会为你的享受而买单。还有人直接对你洗脑，妄图控制你的行为。有个小伙伴说父母逼着她生二胎，她不愿意，父母就说她不孝。如果这个女生内在没有根，没有自己的判断力，这个"不孝"的灰点点就被贴上了，贴牢了。她就会一直活在愧疚中，一方面自己确实没办法实现父母的期待，另一方面被父母贴上"不孝"的标签，她内心很煎熬。她很爱父母，但是爱父母并不代表就要

受他们的控制和摆布。爱是一种情感，更是一种智慧，你要分辨出来，哪些是控制，哪些是真实的情感，他们打来的球，你不一定都要接。

很多时候，父母毕竟只是普通人，我们不能要求那么多，他们跟不上你的节奏是很正常的。你人为地改变他们，双方都会非常难受。接受现实，降低期待。如果不能通过他们期待的方式来表达孝，可以采用其他的方式。如果你的父母需要一些经济上的资助，那么你在自己能力范围内尽量回馈他们就好了。你不能拿着他们认为最好的东西，还要求他们给你你认为最好的东西（比如尊重、认可），那势必会产生冲突。父母如此，那些七大姑八大姨更是如此。我们各自拥有不同的圈子，不同的认知，不同的身份，不同的立场，不同的标准。当你的内在充满了自我认可和价值，其他人就很难再在这里跑马圈地了。

当我们在寻求他人认可的时候（哪怕只是为了获得一朵小红花），我们就很难坚持做自己，无法抑制地显露出讨好。我们就像是一块铁块，啪地被吸到了那个给出小红花的人身上。要想建立自己的强大内核，就去做磁铁，不要做铁块。要知道，真正内核自由而强大的人做事，哪怕是为他人付出，都不是为了求得他人的认可，而是心甘情愿的，是为了取悦自己。当你不被别人左右时，你才是最强大的！要知道，人的内在力量是很多外在力量都无法摧毁的，是我们最坚实的保护伞。

觉醒时刻

　　在这个世界的温柔怀抱中，我是这世间独一无二的珍宝，拥有独属于自己的无限魅力与价值。

　　我知道，爱自己是一切美好的起点，我将它轻轻置于心间最柔软的位置，作为我力量的源泉。

　　这份爱，让我更加坚忍，更加耀眼。它提醒我，我是自己生命故事的主角，我值得世间所有的美好与善待。

不是所有的打击都会带来一蹶不振，勇敢的人会生发出黑色生命力

　　经常在网上看到博主讨论"黑色生命力"这个话题，我才知道原来有这样一个词。我对这个话题有非常深刻的理解，我相信我的故事极具说服力，因为我亲身到过那个黑色的森林并独自穿越回来。

　　2017 年，我剖宫产生完孩子不到 8 个月。有一天我跟我老公发生了激烈的争吵，我公公听到后，飞速赶到并把我推倒在地。我被他大力地甩开，身体多处受到猛烈撞击，皮肤瞬间肿胀，疼得一时半会儿起不来。他不仅实施家暴行为，还不停地咒骂我、威胁我说："不行你们俩就离婚，你以为你自己是个什么东西？"几个月大的孩子被吓得哇哇大哭，婆婆抱着孩子，和我老公冷眼旁观。我的内心充满了愤怒和委屈，躲进了主卧，但是他还不罢休，跑到房门口骂个不停。最后我忍无可忍，歇斯底里地回骂。到现在我都不敢想象我这样文静的人居然有过如此粗鲁和不堪的时刻。当时委屈、悲愤、恐惧全部喷涌而出，而我的心脏就像从胸腔里直接跳到嗓子眼。长这么大，我

第一次有这样的经历，我的眼泪止不住地流，气得全身发抖。后来一夜无眠。

更讽刺的是，第二天是我要带着老公和孩子坐高铁回老家的日子，因为我给我父母在省城买了一套房子，那天他们乔迁新居。本来这样一副狼狈的模样我不想被他们看到，但是因为已经承诺过，也无法推迟，所以我只好顶着红肿的双眼和一身伤痕返乡。

回去之后家里来了很多人，我父母问我眼睛怎么了，我借口眼睛痒，揉肿了。粗心的他们也不再过问。那一天，他们一直在忙着招呼亲戚和安排酒席。其间，老家一个亲戚跑过来不怀好意地跟我说："我看你在北京过得也不怎么样嘛！"我当时一改常态，立即骂了回去："关你屁事！"她吓了一跳，没想到我如此强硬地回应她。

第二天，我们就回京了。一路上，我想清楚了很多问题，不再伤心，不再流泪，回去干了三件事：

第一，我独自做好了离婚的所有准备，没有跟任何人商量。

第二，我把所有的伤口和当时的现场全部拍照取证。

第三，我把老公单独约出来谈判，直接摊牌，给他两个选择：方案一，直接离婚，离婚协议我都拟好了，随身携带马上可以签。方案二，就是看在孩子才几个月的分儿上，我给他一次机会。但是，他需要把工资卡上交，由我掌控家庭资产；让他的父母离开北京，如果违反就立马离婚。

　　当时我老公愣住了，因为之前的我总是讨好和依赖别人，而他们家人却非常跋扈和强势。但是做这个决定，我没有跟任何人说，包括我父母。我没有大吵大闹，而是悄无声息地把这些文件、流程都准备好，让他做选择。最终他选择了方案二。这样我们的家庭生活简单了很多。我也拿回了家庭的主导权，相安无事很多年。

　　这件事过去三年后，我妈妈在给我整理衣服，看到我们当年的协议才知道，她的第一句话竟是："你以后都不去他家了吗？退一步海阔天空啊。"听了这句话，我的泪水再一次决堤。一来我这么多年怎么过来的，妈妈都不关心，只关心面子；二来我内心也很庆幸，因为当时要离婚的决定，我没有跟他们商量，而是自己下决心的。我知道一旦告诉他们，这个婚我铁定离不了。但是我妈这样的反应着实是一种背刺行为，让我非常难过。

　　往事已经不重要了，因为我从最黑暗的时刻走出来了。

　　在发生这件事情之前，我是一个职场妈妈，但其实我的心思更多是在家庭和孩子身上，我每天关心的是孩子要喝什么样的奶粉，穿什么样的尿不湿，对工作也没有那么上心，我发自内心觉得老公更重要，我要辅助他、支持他。他主外我主内，把家庭安顿好。但这件事情发生后，现实狠狠地打了我一耳光，一个女人如果你不对自己狠，别人就会对你狠！

　　这件事之后，我亲了亲在床上熟睡的女儿。我对她说："孩子，妈妈要出去战斗了，不然这个家就要散了。"尽管当时我也泪如雨下，但是我狠心把眼泪抹干，心里浮现了一句话：阿丽塔不相信眼泪！那一刻，我关闭心门，狠下心来。

那一年，我写了一年的公众号，那300多篇文章让我得以走进自己的内心深处。它们陪伴我走出了最黑暗的时刻，也给了我莫大的勇气。直到现在，我的微信签名还是：低谷和逆境都是为了让我们认清自己，明白内心真正的需要。就这样，我渐渐地突破了自己内在的束缚，开始在事业上乘风破浪：不到半年，我为单位开辟了新的产品线，专注增量；不到两年，我被提拔为部门主任，我的部门成为单位业绩增幅最大的部门；不到四年，我决定辞职创业，开辟自己新的事业；不到五年，我的著作出版了，我开始扩大事业版图。

以前的我只舍得给孩子和老公花钱，但从那之后我开始狠狠地在自己身上砸钱。我对奢侈品、衣服、包包并不感兴趣，但是我会为大脑和心灵消费。学费从几千元，到几万元、几十万元，我必须去学习，促使自己成长。

什么是黑色生命力，它的心理学原理是什么？

不知道看完我的故事，你是不是对黑色生命力有了更深刻的理解？"黑色生命力"一词源于日语，指的就是那些经受过巨大压力、逆境或者创伤的人，渡过难关之后，身上所展现出来的一种强大的力量。他们能把一手烂牌打出王炸，就像尼采说的那样：凡是杀不死你的，都将让你更强大。一个人能不能在逆境中翻盘逆袭，就看他有没有黑色生命力。

人的很多成长都源于不快乐，就像佛家所说的：烦恼即菩提，大烦恼即大菩提。在这样的人生低谷至暗时刻，正是你反思自己、脱胎换骨、蜕变重生的好时机。如果一个人没有经历过绝境般的痛苦，要想有大的成长是不可能的，只有经历过才会明白，眼泪会教你做人，后悔会帮你成长，疼痛才是最好的老师。危机之后的反省是人生成长最好的阶梯，因为当你穿过了暴风雨，你就不再是原来那个人了。

这件事之后，曾经有很长一段时间我都在责怪老天爷对我太狠。但是越到后面我越明白这是上天送给我的礼物。正是因为这一次经历，我把以前的那个小我彻底摔碎了，又亲手把自己重塑了一遍。从那个时候开始，我有意识地整合内在的自我，开始建立边界，并且培养攻击性，第一次活出了自我。

我开始关注自己的需求，关注自己的问题，关注自己的人生目标，我把注意力都拉回了自己身上。

苦难不妨说是老天爷送给我们的包装丑陋的珍贵礼物，我们一定不要辜负这大菩提时刻。我一定要把这个包装丑陋的礼物拆开，看看它里面到底藏了什么样的大礼包。

如果你遇到了人生至暗时刻，如何激发自己的黑色生命力？

如果你遇到了人生至暗时刻，在绝望痛苦的同时，一定不要白白遭这份罪，要学会激发自己的黑色生命力。其实在现实生活中，我见过很多遭遇苦难的人，他们一直在泥潭里无法自拔，没有把苦难转化为礼物，很让人心痛。下面是我总结出来的三个方法。

▲ 真实地面对自己和世界

从这件事之后，我开始看见自己，也放下了对外在的一切幻想和期待，抓不住的沙子不如扬了。我曾经对爱情的那些幻想，那些荷尔蒙，那些光环效应，统统在这一刻滤镜破灭了，赤裸裸地回到了现实。当你不惧怕有所失的时候，你才变得强大起来。

在真实地看到了自己和现实世界之后，我下决心开始改变自己，不再想着去改变别人。有这样一句话：改变自己是神，改变别人是神经病。所以我由内而外地改变了自己，开始搞事业，开始投资自己，完全活出了生命的另外一种可能性。周围的一些人正是因为看到了我的改变，受到了我的影响，也悄悄地跟上了我的脚步。

▲ 向内求索，回到自己的内心，建立自我完整的人格

具体包括以下几点：

• 清醒地看到自己的需求和现状，开始重新审视自己的价值观、信念和人生目标。在这次经历后，我反而清醒了，冷静下来了，戒掉了情绪化。我清楚自己真正想要的是什么，我知道在我人生中什么东西是最重要的。我不再比较，不再虚荣，不再贪婪。

从此以后，在我的人生中，自我成长永远都是第一位的。以前我的内心充斥了很多男女有别的观念，但是通过这件事情，我梳理出自己居然有100多条束缚女性职场和创业的限制性观念。把它们梳理出来的时候，我忍不住大哭了一场，原来我给自己的内心上了这么多道锁，对自己有这么多的不允

许。我擦干眼泪，一把火把它们全烧了，职场发展之路也由此开始。我知道头脑清醒、经济独立、有话语权、有高认知、有人脉、有资源才是我应该追求的，而不是放弃自我。

- 学会信念分离。很多事情我知道是别人的责任，所以我不再去大包大揽，也不再接受他们的情感投射，我有我自己的立场。哪怕这些人是我的父母，我也开始自我的独立和分离，不再跟他们粘连，我能分得清哪些信念是他们的，哪些是我的，不再被他们情感绑架。

- 有规则。只对对自己好的人好，不再当老好人，不再讨好和迎合，不再受世俗观念的束缚。以前的我不论对谁都很热情，都很亲和。但现在不是了，我觉得不配进入我的世界的人，就把他排除在外。我也不会愚孝，不再相信父母说的一切都是对的，我可以孝敬他们，但是我不能完全顺从他们，我有我的原则，这个边界必须清晰。

- 无所畏惧。当我独自经历了这么多至暗时刻之后，我觉得自己没有什么是扛不过去的，我激发了很大的生命潜能。所以创业、经营、赚钱，对我来说都不是难事了。后期我之所以能够在事业上一路向前，就是因为我知道什么对我最重要，什么对我可有可无，没有那么多的内耗、干扰和挂碍，可以心无旁骛地干事业了。

▲ 释放自己的攻击性

黑色生命力很重要的一点就要释放自己的攻击性，不再做好好先生、便利贴女孩，任人拿捏。当时我的婆婆来劝我说公公的性格就是那样，让他把脾气发掉就没事了。我十分愤怒，并且用强硬的态度和锋利的语言回击，她当场哑口无言。人生第一次，我说出了如此强硬的话，释放出了自己的攻击性。攻击性是生命力的一部分，如果人没有了攻击性，就意味着生命力的微弱，既释放不出自己的能量，也接收不到别人的能量。

心理咨询师武志红曾说："生命力天然带着攻击性，如果你严重压抑了自己的攻击性，那就意味着你的生命力是严重萎缩的。"心理学家弗洛伊德也说过："一个人如果活不出自己的攻击性，就会出现心理问题。"我清楚地知道，如果我不活出这份攻击性的话，这个世界上没有人会保护我，我只会向内攻击、抑郁，甚至伤害自我。

正所谓："心不死则道不生，欲不灭则道不存，心不苦则智慧不开，身不苦则福禄不厚。不破不立，晓浴新生，凤凰涅槃，向死而生，倘若穷途末路，那便势如破竹。"确实如此，这段经历让我得以锥心刺骨地体验了人世间的苦，也让我脱胎换骨、蜕变重生，而迸发出来的这股黑色生命力直接改变了我的性格、信念和价值观，也明确了我的身份、使命和目标，让我大彻大悟，成为我的助推器，让我的人生进入了新阶段。

现在的我依然笑脸盈盈，内心善良，但是我知道，我的善良有了锋芒。正如心理学家荣格说的那样："每个人都有两次生命，第一次是活给别人看的，第二次是活给自己的，第二次生命，常常从 40 岁开始。"还好，我来得及重启人生。

觉醒时刻

我满怀信心，步履坚定，因为我知道，每一个被梦想照亮的日子，都是通往成功的必经之路。我散发着由内而外的光芒，那是自信与希望的火花，照亮了前行的道路，也吸引着一切美好的事物缓缓向我靠近。

逆境，这位严苛的导师，用它的方式教会我在挫折中汲取养分，在失败中孕育新生，将每一次跌倒视为向前的助跑，将每一份痛苦转化为成长的力量。

第二章

内在驱动

目标是最好的动力系统

兜底不是一句口号，而是一套方法和实操，在上路前，你要检查自己的导航系统。

有想法，有追求，甚至要有野心

我的师妹小梦，大学毕业之后终于得到了自己梦寐以求的工作，在工作岗位上认认真真，白天打电话、拜访客户，晚上加班加点，总结复盘。一年下来，光是复盘用的本子就满满好几个。因为是销售岗，到了年底，她成了所在部门的销售冠军，直接被总部越级提拔。这时候部门那些同事各种难听话就开始说起来了："这么拼干什么，这么有野心，我看她怎么嫁得出去！"她哭笑不得地跟我说："姐，什么时候衡量一个女孩子的标准就是嫁得出去了？"我笑着跟她说："事业上他们比不过你，心里不平衡。"

不知道你有没有遇到过这样的情况，说到女性对事业有强烈的追求欲望，周围人就喜欢诋毁，好像追求事业是男人天生的，女人追求事业就是不合适的。女人有追求，可以让你闪闪发光，让你不再平凡。追求事业，可以照亮一个女人的内心，也可以给女人带来她想要的生活。

那么，人为什么要有追求？追求是生命力的一种呈现，有追求的人活力满满，光芒四射。在以前相当长的时间里，女性的追求是被社会文化、家庭文化以及个体内在的限制多重扼杀了。有追求从来就不是一件可耻的事情，更不要把追求说成男女有别：男性有追求就值得称赞，女性有追求就该遭受谴责。不论男女，追求都是平凡生活的魔法棒，是梦想的另一个名字，是我们头顶上的北极星，它始终指引着我们前行。

怎样才能活出自己有追求的模样？

▲ 要有自己的选择

人格的自我分化程度要高，要有自己的边界，不要跟别人粘连。你要分得清楚哪些是你自己的事。比如，到底是社会、家庭规训你成为贤妻良母，还是你自己希望相夫教子，而且当你拒绝了他们之后，不会有任何的愧疚感，这就是你自己的选择。否则你跟父母共生，他们的意志把你死死地捆住，你们的相处就会非常难受。

当别人拿他们的标准来要求你的时候，你要果断反驳回去。别人的衡量标准无法影响你，你有自己的人生目标，丝毫不会因为未满足别人的条条框框而感到羞耻。别人的选择，与你没有任何关系。

▲ 关注自己的生命力

有了自己的选择后，你就要把时间和精力放在自己的追求上。人身上有个根本的能量叫生命力，生命力高于一切。生命力是内在的源泉，外在的一切健康、财富、事业、关系等都是源自生命力的，你不能去扼杀自己的生命力。

记得在一次课程上，我抽到过一张正反两面的卡片，主题是生命力。老师让我讲述我看到了什么。卡片正面是野外生了一堆篝火，柴火烧得火光滔天，轰轰烈烈，仿佛能听到噼里啪啦的声响；反面也是同样的一堆篝火，但是其中的柴火好像是湿的，所以就没能烧起来，火光很是微弱，倒是那熏天的烟雾漫天弥漫。我记得自己当时分享的主题是：你要怎样过好你的一生？

你来这个世界一趟，你选择怎样过你的一生？难道不是应该轰轰烈烈吗？卡片反面的柴火充满水分，导致燃烧的时候全是烟，透过图片，你仿佛都能被那漫天的烟雾呛得咳嗽流泪。这个生命它不敢充分燃烧自己，不敢轰轰烈烈，不敢淋漓尽致地过一生，反而畏首畏尾，沉溺在内耗之中，谁都可以往它身上泼一杯冷水，这个生命它能烧得起来吗？面对这两种隐喻，你会选择什么样的生命之火？诚然，人不是篝火，但当有人给你泼冷水的时候，你要学会把它狠狠地挡回去，一心一意地培养和维护自己的生命之火。所以，先去解放你的生命力，来自宇宙源头的狂野生命力，就藏在你的真实自我里。

生命力需要被真实地看见。每一次你对自己内心的呐喊视而不见，都是在扼杀自己的生命力。所以尽情地面对真实的自己，想追求什么就追求什么，只要自己的追求不违背法律与良心，不用觉得不好意思，遮遮掩掩。一个有梦想的人，不必在乎他人的眼光。从此以后，你高兴就是高兴，生气就是生气，喜欢就鼓掌，讨厌就跺脚，不用看别人的脸色，不用讨好迎合对方，不用顾忌别人的感受，真实地表达，真实地呈现。这个世界上，我们不能辜负自己，要100% 尊重自己内心的感受。

生命力需要被坚定地选择。每一次来到人生的十字路口，你是选择迎合和讨好别人，还是坚定地选择忠于自己的内心，决定了你的生命之火是暗淡消沉，还是熊熊燃烧。一次次忠于自我的选择就是一次次的强化，生命力要求你赤诚地面对自己，100% 地爱自己，而在这样纯粹炽热的爱背后蕴藏着惊人的生命能量。这样的生命能量源源不断地滋养着你的生命，让你更加自信，更加灿烂，更加轰轰烈烈！

▲ 以梦为马，不负韶华

杨澜曾经说："野心应该是一个你不应该达到的目标，或者说以你的能力达不到的一个目标。"我们不妨用梦想来诠释"野心"。一个不甘于平庸的女人，只有在梦想的促动下，才能爆发出无法预料的生命能量。为什么别人得到的比你多，因为别人有梦想，有目标，光明正大、心无旁骛地争取。愿我们以梦为马，不负韶华，策马扬鞭走天下。

在制定目标之前，一定要有见识。知道什么是好的，敢想才敢做。不然你永远都不知道最好的是什么样的标准。这种"好"，你可能无法描绘出来。最能解释见识的一段话，是撒切尔夫人说的："注意你的思想，因为它将变成言辞；注意你的言辞，因为它将变成行为；注意你的行为，因为它将变成习惯；注意你的习惯，因为它将变成性格；注意你的性格，因为它将决定你的命运。"所以要多去结交优秀的人，多跟他们接触高维的思想、认知，你才知道什么是天花板，而不会把自己的天花板封得太低。

▲ 抛弃性别的标签，付出不亚于任何人的努力

稻盛和夫先生将"付出不亚于任何人的努力"放在了六项精进的首位，他认为每天都应该竭尽全力、拼命地工作；他认为自然界存在的前提，就是所有生物都在拼命寻求生存，物竞天择，适者生存，不能适应自然规律的物

种就会灭绝。是的,不仅仅是企业管理,人生也是如此。

你见过太阳系运动的 3D 动图吗?太阳带着八大行星,各自不停地在公转的同时还在自转,忙得热热闹闹,不亦乐乎。太阳系就像青蛙妈妈一样一往无前,带领着所有小蝌蚪向前行进,一刻都不停止。"天行健,君子以自强不息"说的就是这个天道。任何人活在这个世界上,都要付出自己的努力,不能"躺平",我们做任何事情都要符合天道。你可以不屠龙,但是你不能不磨刀!任何一个人都要遵守这个天道,千万不要想着依赖周围人。

姑娘,但凡你有梦想,就可以说是抽到了上上签!你一定要打好这张牌,无憾无悔地活出自己淋漓尽致的一生!

觉醒时刻

梦想之火,点燃了我内心深处沉睡的潜能,催生出我的生命奇迹。

梦想不仅是驱动力,更是信念的堡垒。唯有那些敢于追求梦想、勇于挑战自我极限的人,才能触及那些看似遥不可及的辉煌。

我拥抱这份光明的梦想,让它在心田生根发芽,绽放出最耀眼的生命之花,照亮自己。

确立目标，持志如心痛

　　工作几年之后，我常常觉得很迷茫，没有了以前在大学时候的充实和踏实。每天除了工作之外，就是一些琐碎的日常事务。直到有一次我参加了一个线上工作坊，在这个工作坊中，我发现了在读书阶段，我是最开心快乐的，原因是我有目标：要考研，要找工作。同时我也发现，上了班不开心，是因为我没有了目标，只能应付日常的工作和事务，找不到当年激情四射的自己了。

　　当年为了考研，我从大二开始就定下目标，而且每年、每季度、每个月、每周的计划全部列出来，贴在了寝室床边。每天早上叫醒我的不是闹钟，而是梦想。每天雷打不动地去图书馆占座位，所有的科目都复习得井井有条。当年说好一起考研的同学退缩了，我不为所动；寝室里其他的同学干扰，我不为所动；父母经常担心，我不为所动。因为我的心里只有一个目标，那就是考上研究生。其他人、其他事、其他话在我这里都不重要，都无法进入我的心。最后，我顺利地考上了公费研究生。

　　发现这一点之后，我迅速调整自己，给自己定下了任务：在工作中，我要坐上人力资源实务类图书销量的第一把交椅，没过两年，我做到了；我立志辅导上千位不同 IP 的作者，2020 年，我做到了；我决心辞职创业，做自由的创作者，2021 年，我做到了；我要把写作研究透，2022 年，我做到了；我要出版一本指导读者如何打造爆款书的书，2023 年，我又做到了。就这样我的生活充满了激情和挑战，而我也把目标视为我的秘密神器。下面我就来为大家揭秘这个神器。

在具体介绍目标之前，我想纠正一下大家的认知。很多人不敢定目标，或者定了目标总是不能实现，是因为对目标并不了解。

关于目标的几个误区

▲ 目标必须完成 VS 目标是用来引发行动的

目标一定要一次性完成吗？这里需要区分情况：如果是大的目标，如人生使命这种，就不可能一次性完成；如果是具体的小目标，那就拼尽全力去完成。总体来说，目标不是必须完成的，目标是用来引发人们的行动的。

人生使命这样的大目标就像是中国的嫦娥探月计划，从2004年立项开始，到现在一直在探索，目标就是把人送到月球上。虽然其他国家已经有登月的经历，但是由我们自主研发，掌握这套系统还是异常艰难的。不可能在制订计划之后就一次性顺利完成。我们的人生使命也一样，可能需要几十年甚至一辈子的时间才能完成。

目标虽然无法一次性实现，但是可以分步走，比如中国神舟飞船的"三步走"战略：第一步是发射载人飞船，建成初步配套的试验性载人飞船工程，开展空间应用实验；第二步是突破航天员出舱活动技术，空间飞行器的交会对接技术，发射空间实验室，解决有一定规模的、短期有人照料的空间应用问题；第三步是建立中国自己的空间站，先向太空打出核心舱段，再打很多舱口与其对接，用太阳翼进行发电。这"三步走"就是在大使命下的关键步骤，我们需要设定一个具体的时间和标准，一步步地攻克。

个人也是这样的，不要担心别人笑话你的人生目标有多大、有多离谱，人生使命是为了指引方向、引发行动的。这个世界属于勇敢的人！我的人生使命是帮助大家提高写作能力，通过写作明心见性，传播文化和智慧。这个目标对于我来说，难度很大，挑战很大。在这样的人生使命下，我也给自己设定了具体的大目标：研究出快速写作的方法，不断实践验证方法，用商业的方式放大它。在这样的大目标下，我还有中目标、小目标，就这样联动起来，我一步一步地朝着自己的梦想走去。

▲ 目标就是赚钱 VS 不能直接把目标定为赚钱

亚历山大·大仲马曾经说过："没有目标的生活就像没有罗盘的航行。"在现实生活中，我发现很多小伙伴把目标直接定为今年赚 100 万元、200万元。我认为目标不是直接赚钱，而应该以事业为主。因为赚钱的路径很多，为了赚到这 100 万元，你可能就偏离自己的目标了。比如，教大家写作赚钱不快，而卖货赚钱却很快。在创业过程中，我发现很多小伙伴过了一段时间，定位就变了，时间管理教练变成了目标管理教练，最后变成了金钱导师。很明显，这些人的定位在不断改变，我们常常说定位定心，做一件事情如果心都没有定下来，学再多方法也没有用。如果把目标定为赚钱，而不是事业，人的心就会无法安定，只想冲着风口赚钱去。

今天这个项目赚钱就上手，明天那个赚钱就掉头，心浮气躁，不停地打井，每打到一半就没有耐心，又去打另一口，没有深耕，没有专注，不断地换项目，这样很难赚到大钱。要知道钱是对事业的奖励，把心扎根才能让事业发展成长，钱是事业的副产品。所以目标不能冲着钱去，而是要冲着自己的人生使命去。当你的心定下来，方向坚定了，方法、资源、人脉自然都会向你靠拢。

▲ 目标就是完成一个数字 VS 目标是为了打造一个系统

很多小伙伴定目标就是定一个数字，比如，今年要出版一本书，这本书要有 10 万字。但其实这样的目标会让人很痛苦很有压力。你每天盯着这个目标，其实不知道如何下手。可如果不下手的话，你又会责备自己目标定了没有去完成它，会泄气。

其实定目标是要给自己打造一个系统，这个系统能分解到每天，在我们能力范围内完成相应的事情，而且每天完成它能给我们带来及时的正向反馈。比如我今年要写一本 10 万字的书，那我把它分解到系统，就是每天写 300 字。这样看来一下子简单了很多，这个目标就不会给你带来压力和痛苦，相反你还很容易去完成它，当你完成之后，会觉得很开心，觉得明天还可以继续干！

人为什么需要目标

▲ 目标就是你未来的样子

不论你现在有没有地位、金钱、身份，这都不重要，它们只代表过去。

一个人现在的样子，通常是其 5 年前努力的结果；而自己现在的努力，也将成就 5 年后的自己。

史蒂芬·柯维在《高效能人士的七个习惯》中这样说："牢记自己的目标或者使命，就能确信日常的所作所为是否与之南辕北辙，并且每天都向着这个目标努力，不敢懈怠。"人生的本质是一个以终为始的导航定位系统，而目标就是你要导航去到的地方。有了这个定位，就可以采用逆向思维从结果倒推。一个懂得结果倒推法的人在解决一个复杂的难题时，会从最终目标开始，逐步倒推每个步骤，找出实现目标的最佳路径。这种逆向思维能够帮助你避免陷入传统思维的限制，找到更高效和创新的解决方案。

▲ 目标带来能量聚焦

以你的心为原点，向上生发正念，正面思维，正向情绪，面对目标只管去做，唯精唯一。目标带来能量，在实现目标的路上狂扫问题。如果你有太多问题需要解决，那你要看看自己有没有目标。不要有问题洁癖，觉得解决了什么问题就可以一步登天。带着问题上路，问题也是你的资源，随着你向目标靠近，你的问题就会迎刃而解，根本不再是问题了。

▲ 目标减少内耗

减少内耗这一点，我的感受尤其深刻。在盖洛普测试 [①] 中，我是一个竞争分很高的人。很长一段时间里，我不知道怎样去面对竞争对手，很困惑也很痛苦。关于这个问题，我请教过不少高人，但是效果一般。直到我确认了自己的人生使命，我突然发现这个困扰我很久的问题居然不存在了，迎刃而解了。下面是当时我写下的一段话：

明白自己要去哪里，只要背上行囊往目标去冲就行了，何必在乎周围的人呢？竞争对手还少吗？还缺竞争对手吗？人永远都不缺竞争对手。你到处树立假想敌，忘了自己要去哪里，反而乱了自己的脚步。你的使命在向你招手，你哪里有空去管什么竞争对手。要提防小我是不是在膨胀，恨不得这条路上的红利自己全吃了，要知道不给别人留活路是不可能的。上天有好生之德，你能做，别人也能做，百花开放，格外美丽，更有生命力。面对你的目标，你的路径，你已经拥有的一切，唯有感恩。

目标是你想要到达的终点，计划是到达那个终点的路径。有了目标，你就有了归处，就有了源源不断的动力，将军赶路，不追小兔。目光如炬，

---

①　美国数学家、社会学家乔治·盖洛普提出的一种测评一个工作场所的优势最简单和最精确的方法，硬指标为利润、效率和顾客满意度。

专注心流，这是一种高质量的人生状态，只有目标才能把你的生命力凝聚起来。

觉醒时刻

目标是我生命的导航，是我前行的动力。它让我在每一个清晨醒来，都满怀希望与激情；在每一个夜晚入睡，都满怀期待与憧憬。只要心中有目标，我的生命之舟就能乘风破浪，直抵成功的彼岸。

我有目标，我有力量，我有无限可能！我将以无畏的勇气、坚定的信念和不懈的努力，去书写属于自己的传奇篇章！

从长期目标中拆解出中短期目标，摒弃杂念并持之以恒

前一篇内容让我们认识到目标的重要性，那么这一篇我们一起来看看如何达成目标。哈佛大学有一项耗时 25 年，针对一群在学术和智力上相差无几的哈佛准毕业生的研究：这些人事业成就有差异的关键，并不在于他们的出身背景，而在于他们最初设定的人生目标。研究团队在这些学生即将毕业时进行了一项关于人生目标的调查，结果显示：只有 3% 的人设定了明确的长期目标；10% 的人设定了明确的短期目标；60% 的人虽然设定了目标，但目标不够清晰；而有 27% 的人没有设定任何目标。25 年后的跟踪调查发现，那 3% 设定了明确长期目标的学生，最终无一例外地成为各个行业的佼佼者；那 10% 设定了短期目标的人，成为各行各业的专业人士，享有较高的社会地位；60% 目标不明确的人，大都过上了平凡的生活，成了流水线上的普通工人；剩下的 27% 没有目标的人，生活状况普遍较差，悲观、抱怨，总是责怪老天不公。可见，没有目标的时候，人生全都是问题。所以我们要早早制定

目标并用行动去达成目标。

制作目标平衡轮，定期复盘

从上述研究可以看出，人是需要清晰的长期目标的，有了长期目标，就能拆解出中期和短期的目标。我们制定目标的时候要符合 SMART 原则：具体的（Specific）、可衡量的（Measurable）、可实现的（Achievable）、相关的（Relevant）、有时限的（Time-bound）。"现代管理学之父"彼得·德鲁克曾说："不能衡量的东西，就不能驾驭。"目标也是如此，它不能空洞，不能太大，要学会拆解，当拆解到最小颗粒度时，一切执行就没有什么难度了。清晰是一种力量，人有时候没有行动力，往往是因为没有清晰的目标。一旦目标确定了，路径就水落石出，一步一步去执行就能实现。

博恩·崔西是一位知名的励志演说家和作家。关于目标对实现成就的推动作用，他是这样说的：目标给予我们一个看得见的射击靶，随着努力去实现这些目标，我们就会有所成就。在现实生活中，目标并不仅仅有关事业，生活是一种平衡的状态，除了事业，我们还需要兼顾其他方面。在此我向大家分享一个平衡轮工具，在相应范围内设定好目标：事业、财富、健康、生活、学习、关系。

按照这几个主题，分别给自己制定目标，并且定期给自己打分，总结和复盘自己各方面的表现。平衡轮是个轮子，如果有的特别突出，有的特别低效，这个轮子是转不起来的。如果想让自己的人生健康平衡，那就要按照平衡轮去要求和对照。我们想要持续完成事业上的目标，必须有财富、健康、家庭、学习、关系等的支持。

下定决心完成目标

明朝思想家王阳明曾说："持志如心痛。"有一个做事的志向，就像心里有个痛处，时刻提醒着它的存在。不是摩拳擦掌，不是下定决心，而是用全部的精力去填满它。这就要看你是否有强烈达成目标的企图心，是否有为了目标拼尽全力的极其认真的态度，是否有为了达成目标、排除万难的决心。

下定决心达成目标，就不再动摇，不再犹豫，不再瞻前顾后，不再患得患失，而是认定这个目标。在达成这个目标的过程中，肯定会有困难、挑战。

下定决心的人不会放弃，他知道这是正常的，遇到问题解决问题就好，他的关注点都放在了如何解决问题上，能充分发挥自己的主观能动性，调动一切可以调动的力量，直击解决问题的目标。但是没有下定决心的人，一遇到问题就会逃避、拖延、轻易放弃，还安慰自己说：我就不是干这个的料，你看我说对了吧，这条路就是走不通。成功只有一个理由，失败却有无数借口。

以终为始，专注是台"盾构机"

成功者都是心无旁骛地做一件事。因为人的时间和精力都是有限的，人生不过 3 万天，一天不过 24 小时，当人有了人生使命，就会把生命、时间、精力全部投入进去。为什么扎克伯格的衣柜里挂满了同款的 T 恤衫，因为他不想在这些事情上分散精力，每天还去考虑穿什么衣服。一个人要成功，必须专注，专注到自己最重要的事业上去。

有一次我和朋友坐高铁去千岛湖，路上我们经过了无数个隧道，列车时不时钻进黑黢黢的山洞里，顿时手机就没了信号。有的山洞隧道特别长，感觉走了很久才重见光明。那个时候我就在想，这个隧道是怎么修的？这全部是石头山啊。这时候朋友跟我说，开凿隧道有一种特殊工具，叫盾构机。这是一种使用盾构法的隧道掘进机，被应用于隧道的挖掘。无论是一般的山体，还是坚不可摧的石头山，盾构机都可以轻松打洞。

当时我就感慨，我们人做事达成目标，就像建隧道一样，必须目标坚定，知道自己要去哪一站，然后就逢山开路，遇水搭桥，而这种专注就像盾构机一样，不断聚焦在这里，直到把洞打穿，达成目标，继续前行。如果你左一榔头、右一铁锹，三天打鱼两天晒网，成天换赛道换方向，如何能够成事呢！

制订计划，让自己的状态尽快与目标合一

前文说了，有了目标还不行，还要把它分解为可落地、可执行的计划，并且培养习惯，打造成事的体系，让目标的完成有保障。在这里，我想跟大家说说，我们如何尽快地通过计划、习惯、体系让自己进入状态。我在写作的时候，感受尤为明显。以前我也能体会到创作时的心流状态，但是这个状态是断断续续的，像是个信号不好的收音机，发声刺刺啦啦的。随着这几年我写作的频率和质量越来越高，我越来越能体会到进入状态时的那种感觉，

有种嗖地一下穿越了水帘，进入水帘洞内部的感觉。进去之后，整个人都沉浸在创作的心流中，进入特别开心的状态，创作就是这样一种流淌的过程。写作的人很开心，甚至上瘾，而读到的人也拍手叫绝，读得欲罢不能。就这样，我写完了一本又一本书。

把自己实现目标的状态调整到享受，你就可以专注，专注带来熟练，最后就会上瘾，完成目标的过程就是享受的过程，这是一段多么美妙的旅程啊！这些年我经常做讲座分享，很多人都羡慕我的状态和活法，觉得我一定是牺牲、付出了很多，一定很辛苦很不容易。我对此的感受是：人在痛苦、辛苦的状态下，是不会有创造力的，不会有那么丰盛、那么多的结果的。只有真实的热爱和享受，才会给自己带来动力和成果。

制定过程和结果都让自己开心的目标

有些人之所以不愿意定目标，不愿意去实现目标，是因为他认为目标都是痛苦的，会给自己增加任务和压力，但其实目标是中性的。热爱能激发人的潜能，找到自己喜欢的事，你会在不觉间被一股力量推着走，从而取得自己从未敢梦想的成就。这个前提是：你要定一个能让自己兴奋和快乐的目标，而且要保证在实现目标的过程中你也是快乐的。

比如你觉得每天锻炼很枯燥，很难开始。但是你可以约一个跟自己关系特别好的闺密，两个人一起每天锻炼一个小时，在这个过程中两个人有说有笑还能好好地相聚，这个目标好像也没有那么难了。

一个人要知道自己对什么感兴趣，对什么兴奋，什么会让自己进入心流状态。比如，写作会令我很容易就进入心流状态，很容易开悟，所以我特别喜欢创作的过程。因此我会更多地选择用创作的方式来达成自己的目标。我今年有一个目标是见20个优秀的人，我就用创作去跟别人接触、交流，以文会友。这是我非常擅长并且享受的方式，在这个过程中我跟对方都很开心，并且能够深度交流。

最近有不少朋友跟我交流，想要创作一本书，但是都提到了一点——惰性。我觉得这明显是没有找到让自己兴奋的目标。今年我要写3本书，我把它们都定为"成长"的主题，这是我喜欢的主题，并且能够帮到更多的读者。所以一想到这个目标，我就特别兴奋，干劲十足，凌晨四五点就起床，在写作过程中，我感觉自己像在跟闺密聊天一样，特别享受，能迅速进入心流状态，一周就完成了书稿。

觉醒时刻

我摒弃一切杂念，将全部的心力倾注于眼前的目标。我的双眼如炬，穿透迷雾，直视那唯一的终点。

用专注力，将"完美"变成"卓越"。

无论遇到多少困难和挑战，我时刻坚守这份专注，因为我知道，只有专注，才能让我爆发出最大的能量，创造出最辉煌的成就。

人生没有意义，它只是我们过去一切体验的总和

在你生命中，什么对你最重要？如果一个人知道自己为什么而活，他就可以忍受生活加诸的一切困难。无论生活给你什么痛苦委屈都没关系，因为你知道自己为什么而活；无论命运把你抛在哪个地方，你都可以就地展开搜索，做自己力所能及的事情。这就是人生最好的方向。

价值观的意义和价值

每个人都有自己的价值观，无关对错，但是当我们明确自己的价值观之后，遇到困难时，犹豫不决时，怀疑自我时，价值观都可以为我们提供指引。

如何找到自己的价值观?

▲ 人生中的高光时刻

找出你人生中最激动人心的高光时刻。关注点聚焦在这一时刻，让自己再一次进入当时的情景中。在那一刻，对你来说最重要的是什么?

▲ 被压抑的价值观

回想一下你陷入困境、愤怒、沮丧或者消沉时的情形，那时的情绪和周围的状况是怎样的? 从而找出你的价值，事情的反面是不是符合你的价值观?

▲ 变成一种动物

如果你有魔法，可以变成一种动物生活一天，那么你希望自己成为什么动物? 为什么? 作为这种动物，最重要的事情是什么?

▲ 必须坚守的原则

除了基本的需求之外，生活中你一定会坚守的原则是什么? 即便身心出现状况，你也绝对会遵循的价值观是什么？

▲ 荒岛

假如你被带到一个荒岛，并且要在那里长期生活下去。你可以带5本书一起去，你会带哪5本，为什么这些书对你这么重要？

▲ 情绪的表达

在现实生活中，什么事情让你特别着迷？为什么？又有什么事情让你很愤怒？为什么？

▲ 你崇拜的人

你最崇拜的3个人是谁？对于这3个人，你最敬佩他们身上的什么品质？

▲ 生日宴会

在你百岁生日宴会上，你子孙满堂，高朋满座，大家邀请你来回顾自己的过往经历，你觉得自己做对了什么？同时，你希望听到别人如何评论你？

▲ 快乐和满足

在你的生命中，是什么给了你最大的快乐和满足？这些事情为什么对你这么重要？

▲ 墓志铭

去世后，你希望在自己的墓碑上留下怎样的一句话？为什么这句话对你如此重要？

注意事项：成长到唤醒

这里我要跟大家分享一下我这些年探寻价值观的心得体会。

▲ 你要观察核心价值观背后的潜意识

多年以来，我的核心价值观里一直有"成长"这个主题。但是有一年，我突然意识到"成长"这个词背后暗含着一种假设和潜台词：总觉得自己不够好、不够优秀，所以需要不断地用成长来鞭策自己。

这类似于木马病毒，如果你潜意识里总觉得自己不够好、不够优秀的话，你就会逼着自己不断地去进行所谓的"成长"。在觉察到这一点后，我选择用"唤醒"这个词来代替"成长"。

我很喜欢"唤醒"这个词，因为它意味着我们很多的能力、天赋、能量都是本自具足的，都是早已储备好的。但是我们自己不自知，喜欢向外求，总是去羡慕别人，不停地报课、买书，但实际上我们无异于坐在宝藏上的乞丐。

你所求的东西你本来就有，英文"educate"这个词，除了"教育"还有"培养、训练"的释义，它包含了一种向内探索、向内激发的追求。我们要做的正是向内探索和激发，从而去唤醒自己更多的潜能。在这个唤醒的过程中，我想向大家介绍 3 个很重要的方法。

学会跟自我对话

这些年来，我经常当自己的教练，我会在平静下来的时候向自己发问。往往我会给出答案，而且非常精准、受用。所以，我更多地听随了自己内在的指引。自我对话的形式不仅仅局限于语言，写作也是我跟自己对话的一种方式，通过这样的方式进入我的内心，探寻潜意识的深处。每次我遇到重大问题的时候，我就会写作，写着写着花就开了，人就清醒了，就海阔天空了。

高频复盘

这几年我开始频繁地复盘和总结，这项技能还被我延伸到生活当中。有时甚至是中午、下午和晚上我都会复盘，而且还学会了随事复盘，一旦事情发生，我会立刻去复盘。复盘才能翻盘，高频复盘才能让人一年顶十年。

通过高频复盘，我收获到的不仅仅是外在的结果，也看清了自己的内在模式。我曾经用一年的时间专门做自己的心智模式的复盘，在这个过程中，我清晰地看到了自己的行为模式、情绪模式、思考模式、情感模式。荣格说："你的潜意识操控着你的人生，而你却称其为命运。当潜意识被呈现，命运就被改写了。"潜意识的力量无比强大，它悄悄地操控着我们的人生，塑造着我们的命运。但是当潜意识呈现到可视范围内的时候，我们就可以不被它控制，而且可以有意识地优化、迭代它了。

静坐

受到曾国藩"日课十二条"的影响，我开始静坐。刚开始是坐不住的，但是我渐渐静下来，而且在静坐中得到了特别大的启发，尤其是在人生的一些关键节点，当我放空自己的时候，内心的那个答案反而就会浮现出来。

▲ 随着你的成长，你对价值观的认知是会有变化的

在上文中，大家能够发现我有好几年都在回避"成长"这个词，因为我

觉察到自己潜意识当中认为自己不够好、不够优秀。但是这几年来，我发现我可以坦坦荡荡地直面并且使用"成长"这个词了，因为这时的成长不再是我觉得自己不够好，需要不断去填补那个怎么都填不满的黑洞。我发现我的学习、写作、交友、创业，都是一种成长，这种成长的内在驱动力是我热爱真理。我写作不仅仅是为了训练自己的写作技巧，而是我有更多的深入的高认知要表达。学习也是一样，我学习不再是补课思维，而是我在探寻更深刻的真理。

当年我迫切地渴望辞职，频频向我的教练 Linda 抱怨。她跟我说了这样一段话："你可以辞职，但是你辞职的原因绝不能是你要逃避什么不好的现状，而是你要想清楚，你后面到底要追求什么正面的价值。"这段话让我瞬间清醒，不再张牙舞爪，而是立马安静下来，我开始从负面思维转向正面思维。我告诉自己：在没有找到自己要追求的正面价值之前，不许动！直到我发现我真正要追求的是创作，我才笃定地提出了辞职申请。

▲ 不要后悔自己没做的事情，你始终活在自己的价值观中

我曾经是个典型的艺术家风格的人，从小爱画画、学画画，在绘画方面也有天赋，曾获过不少奖项。在后来的职业上没有选择跟美术相关的工作，让我觉得有点遗憾。

说到写作，尽管儿时作文也曾获奖，但是这件事并没有引起我特别大的重视。直到我走上了文字的工作，辅导和培训写作的时候，我渐渐感觉到自己在文学创作上很在行，甚至可以说存在一定的天赋。

在我教学和辅导过程中，我开始更加深入地去研究，我发现写作是有一套方法的，不能不负责任地把这些都归为天赋。这也令我开始重视"创造"这个关键词，因为我不但可以写作，还可以总结方法论，这更是一种创造。

再回想，不仅仅是作品，其实我这一路走来，人生都是不断创造的过程。从十几岁离开家乡那个十八线小县城，一步一步不断开辟新天地，来到新的城市，新的环境、新的单位，开设新的业务、新的部门，开创自己的新事业，这一切都是在创造，所以自己确实是一个不折不扣的创造者。

当我意识到这一层的时候，我不再为自己没有从事绘画工作而遗憾，也不再为自己为什么不早一点从事文学创作而苦恼，而是庆幸自己一直在创造，在不同领域、不同阶段、不同行业，始终都没有放弃创造，这是我超级大的一笔财富。

觉醒时刻

当我明了自己到底为何而活，我的心灵便拥有了不灭的灯塔。这灯塔，照亮我前行的航道，让我在任何困境中都能找到方向，保持坚韧不拔。

我以无畏的姿态，坚守自己的价值观与信念，勇往直前。"我为何而活，我为何而战"，这份力量将支撑我走过每一个艰难时刻，直到梦想成真的那一天！

第三章

不断挑战

不逼自己一把，永远不知道你有多优秀

唯唯诺诺、内耗、迷茫，这往往是
因为缺少自我挑战的阳性力量，让我们
调动自己的能力，用勇气和决心去完成
自己的人生使命。

能力都是逼出来的，幸福都是奋斗出来的

在我刚刚辞职创业的时候，有一些热心的朋友给我介绍业务。突然有一天一个朋友给我打电话，问我能不能写东西，我表示可以，随后他就邀约我帮一个重磅级人物写文章。当时我只是觉得自己可以写出来，但是能否按照要求完成任务，我内心是忐忑的。这个时候朋友告诉我："不用怕，你先接下来，我看过你写的文章，我觉得你可以胜任，你要记住一句话，能力要用将来进行时。"这是我第一次听到这句话，后来我才知道这是稻盛和夫先生在《干法》里的一句话。

稻盛和夫先生当时所在的企业叫作京瓷，当时还是名不见经传的一个小企业，有很多强大的竞争对手，稻盛和夫等人很难跟这些大型企业去竞争订单。他们发现客户愿意交给他们做的，都是那些大型企业做不出来的订单。面对客户相同的问询，如果回答这个做不了，那一切都无从谈起。对于这个一无资金二无技术的微型企业来说，不抓住这仅有的可能性，那就可能是死路一条，于是当时稻盛和夫为了让公司经营下去，就打肿脸充

胖子，告诉客户，他们肯定能做出来，而且跟客户约定试制品的订单在 3 个月之后交货。

回到公司后，京瓷的技术人员只有寥寥数人，他们觉得公司从来没有做过类似的产品，也没有这样的方法和流程，大家都异口同声地说：这是不可能完成的任务！在这个时候，稻盛和夫先生展示出自己伟大的管理者的姿态。他告诉大家能力要用将来进行时，凭借现在的能力确实难以实现，但是接下来 3 个月他们通过不断的努力和反复的实验，能力一定会提高。结果就是 3 个月后，他们完美地完成了订单上的任务。不但兑现了承诺，还提高了技术，而且从中悟得了"能力要用将来进行时"这个重要的道理。

当我知道了稻盛和夫先生的这句话以及背后的故事之后，我的胆子大多了，我不仅很好地完成了这位朋友交给我的写作任务，而且我敢于去承接其他业务了。后来又有一个朋友来问我能不能教写作，我第一反应是我可以写作，但是我没有教过写作，我不确定能不能教好，但是我觉得应该十拿九稳。所以我就答应他了。于是通过这个机会，我把教授写作的能力也给倒逼出来了，整理出一整套写作的方法。通过这两件事情，我越来越能够理解这句话。

能力要用将来进行时，不仅仅是口号，更体现了非凡的心理学原理。

我们要用发展的眼光和思维来看待自己的能力

　　能力是成长的，大家不要妄自菲薄。在稻盛和夫看来，人的能力在时间线上分为过去时、现在时和将来时。看问题不能只从能力的过去时和现在时来判断，而是要放眼未来，用将来时看，相信自己的生命像大海一样，蕴藏着无限的宝藏。正如陈海贤在《了不起的我》中写道："请记住，如果你相信变化，那么你是一个什么样的人根本不重要，你会怎样发展才重要。"

稻盛和夫提倡要敢于设定超越当前能力的目标，
并为此不懈努力

　　这体现了心理学中的目标设定理论，即明确、具体且具有挑战性的目标能够激发个体的动机和行动力。通过设定未来时的目标，人能够持续激励自己，不断提升能力以接近或达成这些目标。这种过程不仅有助于个人能力的增强，还能让人感受到"原来我也可以"，成就感和自信心油然而生。

"能力要用将来进行时"体现了心理学中的应对机制

在面对逆境和挑战时，有人选择"躺平"或者放弃，也有人选择通过积极的心态和行为来应对挑战。能力要用将来进行时，就是鼓励人们不要因当前的困难而气馁，而是要鼓足勇气，坚持努力，相信自己能够克服困难，解决问题，达成目标。这种积极的应对态度有助于个体在逆境中保持坚韧不拔的精神，挑战越大，成就越大。

无独有偶，吴士宏女士也经历过类似的事，为这句话做完美的注脚。吴士宏当年去应聘 IBM 公司的工作，在最后一轮面试中，面试官突然问："你会使用打字机打字吗？"吴士宏毫不迟疑地答道："会。"面试官接着问："你一分钟能打多少字？"吴士宏灵机一动说："您要求打多少字？"面试官说了一个数字，吴士宏十分干脆地回答说没问题。

要知道那个时候吴士宏从没有摸过打字机，但是为了这份心仪的工作，她说了一个善意的谎言。为了兑现承诺，在面试结束之后，她当即购买了一台二手打字机，每天勤学苦练，练到手指发麻，连筷子都握不住，没想到不到一周的时间，她就可以熟练地打字了。就这样，她成功地拿到了 IBM 公司发来的录用通知，开始了自己的职业发展道路。

康波理论认为，人生平均只有 7 次决定人生走向的机会，两次机会间隔约 7 年，可遇不可求，就看你能不能够识别机遇，把握机遇和抓住机遇先人一步。如果当时吴士宏直接告诉面试官自己不会打字的话，那后面传奇的故事就要改写了。正是吴士宏识别且把握住了这个工作的价值，所以她先应承下来，然后回去把自己这份能力给激发出来了。虽然面试时她还不具备打字的技能，但是在上岗之前她会就可以了。

那么，怎样才能做到"能力要用将来进行时"呢？

勇于面对挑战

这里的挑战不是说你可以挑起 100 斤的担子，那你就去选择 100 斤或者是 100 斤以下的目标，而是你现在可以挑 100 斤，但是你可以冲刺一下挑 150 斤。当下挑不动没有关系，但是给自己一定的时间期限，不断地加码，不断地训练，不断地刻意练习，从 100 斤到 150 斤，相信我，只要你下定决心，不会用太多的时间就能完成。稻盛和夫说："甘于现状就意味着开始退步。"所以要勇于面对挑战，给自己定任务的时候，一定不要甘于现状，要让自己踮起脚够一够，不要在原来的功劳簿上睡大觉。我们在给自己定任务时，要敢于对自己狠一点，不逼自己一把，你永远不知道自己有多优秀。

就像这篇文章开头我讲自己的故事一样，如果没有这两次机会去给大人物写文章和倒逼自己教写作的话，我在写作能力和教授写作方面的能力是不可能被激发出来的。为了完成目标，要舍得对自己下狠心，当时接到任务之后，我夜以继日地钻研，读了100多本古今中外关于写作的书，拆解了上千篇名家文章，从而找到了自己的方法。而这两方面能力也成为我日后的核心竞争力。所以现在想想，如果当时拒绝了这个机会，我事业的可能性就变小了很多，我的人生也黯淡了很多。正是因为我愿意挑战自己，相信自己能够完成这个目标，所以倒逼出来了相关的能力。也正因为这样，我的生命、我的事业越来越辽阔，越来越色彩斑斓。因为写作和教授写作，我接触到了更多的作者和读者，接触了大量的资源和机会，我的命运也由此发生了翻天覆地的变化。

只做核心能力拓展

我想告诉大家的是，"能力都是逼出来的""能力要用将来进行时"，这些话有一定的迷惑性，仿佛让我们觉得自己做什么都可以。人的潜力确实是无限的，但是人的时间和精力却是有限的，如果你四处打散拳的话，很难有结果，很难一招击倒对手。

所以在现实中我接受的是跟写作和教授写作相关的任务，但对于汽车行业技术、计算机行业技术等的工作，我肯定不接受这样的挑战。

荀子在《劝学》中说："蚓无爪牙之利，筋骨之强，上食埃土，下饮黄泉，用心一也。"我想跟大家强调的是，我们在接受挑战的时候，一定要沿着自己的核心能力去拓展。要懂得力出一孔，要懂得积累，懂得复利的效应。我们要围绕着自己的目标以终为始，制心一处，不断地在自己的导航系统中应对挑战，精进自己。

删掉"不可能"

能力要用将来进行时，很重要的一点就是要把"不可能"这三个字从我们的大脑程序里删除。没有什么不可能，只有你愿不愿意。只要愿意付出时间，刻意练习，我们就会发现自己不比任何人差，同样可以学会很多东西。

所以我们要把"不可能"变成"我怎样才能完成""我怎样才能学会""我打算怎样学会""我打算花多长时间学会""我要向谁去学""第一步是什么"……用实际行动和正确的方法提升自己的能力。用"能力要用将来进行时"的信念，把"不可能"变为"可能"。

就像稻盛和夫先生对订单的允诺，很多人认为他在撒谎，其实不是。因为有3个月的交付试制品的时间，如果在这3个月的时间里能够完成订单，那就没有撒谎。所以这个能力一定要用3个月之后的交付时间点，而不是以当下的时间点来衡量。这就给人的能力的快速成长留足了空间。人真正的自信不是对自己的当下很满意，而是对自己的未来更有信心，真正对未来充满期待。

去做，去行动，发起猛攻

能力是在行动中锻炼出来的，所以当我们明白了这些道理之后，最终要落地，要去行动。踏踏实实地去做好，能力才会得以提升。

生活有时会让人产生一种无力感。我们如果相信变化，就要相信人生具有无限的可能性，就去做出改变，发起挑战。挑战现在的自己，用人生使命来驱动自己。

说一万遍不如做一遍，一百个梦想不如一个行动。能力都是逼出来的，能力会在行动中得到生发，行动是能力的培养皿。人的能力会在做事中变强，所以去做，吹响集结号，去发起猛攻，能力就会被磨炼得越来越强。我们接受的新挑战，其实不同于一般性的学习和工作，在这样高压力、高紧迫性的环境下，能力往往是飞速提升的。

此外，还有一点很重要，就是要给自己设定时间限制，也就是我们常说的"最后期限是第一生产力"，如果没有时间限制和压力，任何事情最终都会变形。在封闭的时间里，紧张又认真地完成任务，是一件多么刺激且具有成就感的事情，你觉得呢？

觉醒时刻

去做，去实践，以行动书写能力的华章。

一万句空谈，不过是风中的尘埃，唯有那一次的躬身实践，才最有价值。梦想虽美，若不付诸行动，终将是空中楼阁。

能力，从不天生，它是逆境中的伙伴，是挑战下的勇士。每一次尝试，每一分努力，都是向更强自我的致敬。

这些不懈的行动，让我的能力在磨砺中熠熠生辉！

别怕，有我在

2021 年，我在事业上遇到了中年危机，虽然当时在单位各方面业务已经做得得心应手，但是我的内心渴望更大的世界、更多的尝试、更多的创造。各种畅想、担忧，各种声音像是奔腾的火山岩浆，每天在我的心里翻江倒海、蠢蠢欲动，似乎就要喷薄而出。我每天处于矛盾和摇摆之中，寝食难安，日渐消瘦。

这时候猫叔给我打了一个电话，他的一句话"勇气是最重要的才华"给我重重地按下了确认键，让我终于下定决心辞职创业。内心奔涌翻滚的岩浆在那一刻终于找到了出口，突破了各种内在限制、外在恐惧，淋漓尽致地彻底爆发了！

回想起来，我从家庭到学校，再到单位，一直都是乖乖女的形象，没有太多的选择，按部就班地学习或工作，从来没有为自己活过。小时候受父母约束，工作了之后受单位管理，勇气对我来说很陌生。但是在这个节骨眼上，勇气让我发生了质变。

美国作家卢斯曾经说过：勇气是一架梯子，其他美德全靠它爬上去。是的，如果说才华是一锅肉，那么勇气就是一小撮盐；如果说才华是一锅豆浆，那么勇气就是几滴卤水。勇气，不需要太多，但是必须存在，如果没有这一撮盐的话，那这一锅肉再丰美，也是寡淡无味的；如果没有这几滴卤水，豆浆永远变不成豆腐。

勇气的本质是什么？

什么是勇气呢？我觉得勇气是人的生命力的呈现。这个世界充满了不确定性。如果辞职创业，你每天都要面对柴米油盐酱醋茶一切的成本和市场的开拓，需要自负盈亏；如果不辞职，还在正常工作，这时政策、市场环境、竞争对手都有可能发生变化，每天也要面对很多挑战和风险。所以，这个世界唯一不变的就是变化。

人的内心需要确定性，给予自己安全感；同时也需要不确定性，让自己的生命充满活力。我们需要追问自己到底想要的是稳定还是更多的创造力。我的答案是我需要创造，所以我主动选择了拥抱不确定性。

我们一旦做出选择，又该如何去面对不确定性呢？我觉得非常非常重要的一个武器就是勇气，只有勇气才能让你不断去拓展自己的舒适圈，去开发自己新的潜能，并且在这个过程当中遇见更加强大的自己。如果一个人要看到所有的确定性再去行动的话，那永远都看不到结果。先相信再看见，机会更眷顾有勇气的人。

很多有才华的人因为缺乏勇气而故步自封，不愿意主动选择进入人生或事业的新阶段，躲在原来的沙堆里当鸵鸟。即使工作不顺心，他也不断说服自己，外面的环境差、外面的世界复杂、外面的人不可靠。即使感情一塌糊涂，华丽的袍子上爬满了虱子，他也不愿意断臂求生，宁愿在那个泥潭里待着，没有爬起来重新开始的勇气，只会抱怨、哭泣。更有甚者，在关系中非常委屈、憋屈和牺牲，但是他们却没有被讨厌的勇气，总是想一味去讨好和迎合他人，于是在这段关系中渐渐失去平衡，感情也越来越不健康。

其实这样的人不在少数，如果他们找到我，我一定会给他们开一剂良药，那就是勇气。这个世界上不缺少有才华的人，但是绝对缺少有勇气的人。

我们说勇气是最大的才华，那勇气和才华到底是什么关系呢？

▲ 勇气是才华的催化剂

才华不论是天生的还是后天培养的，都需要一个展示的平台和机会，而勇气则是把你推向舞台中央的关键因素。如果没有勇气，才华可能永远都是一个台下的观众，无法转化为实际的成果。人们常常说怀才不遇，实际上，如果你真的满腹才华，又何愁不遇贵人？造成这种现象的关键原因就是你没有勇气。你没有勇气站上台，你没有勇气去展示，你没有勇气去主动找到那个帮你释放才华的人。

▲ 勇气需要才华的支撑

我们说勇气是最大的才华，这句话一点都不假，因为勇气并非是盲目的冲动，它是基于对自己的能力和才华的正确认知和深信不疑。一个人之所以勇敢是因为他对自己的能力有准确认知，他知道自己拥有应对外在一切挑战和不确定性的才华和技能。

▲ 勇气使才华更加耀眼

在这个竞争激烈的环境中，不缺少才华出众的人，但是能够真正脱颖而出的人才，除了拥有卓越的才华之外，还要具备将自己才华展现出来的勇气。勇气使才华更加耀眼，让你脱颖而出。

▲ 你的才华需要勇气来维护

才华的展现往往伴随着风险和不确定性，当你遇到了挑战、批评、质疑和失败的时候，你会如何面对这些负面评价？勇气就成了维护才华的重要力量，成为你强大的支撑，它会让你坚信自己的信念，持续追求自己的梦想和目标。

所以这样看来，在面对不确定性和问题挑战的时候，勇气使我们勇敢地站出来采取行动，而才华则在后方提供问题解决方案。这两者是相辅相成的，共同推动着个体在成长中不断突破自我，实现更高的成就。勇气和才华缺一不可，只有勇气和才华结合，才能够创造出非凡的成就，勇敢的人先享受世界。

人如何获得勇气？

▲ 勇气需要才华做支撑

正如前文所说，勇气不是平白无故产生的，如果没有才华支撑，勇气就会相当虚浮，像没有骨肉支撑的一张皮，无法持久。打好基本功的关键，就是成为一个有才华的人。否则空有一身蛮力，只会忽悠别人，人生就会像无根之木、浮萍一样，终日随波逐流，无法扎根，也无法在现实中立足。

▲ 把勇气作为重要的核心去修炼

在我的创业成长过程中，我把自己要学习的内容分为三个部分，放在一个金字塔内。金字塔的上端就是心法，中端叫兵法，下端叫技法。

对一个人最大的帮助是在心法上的突破，否则你学习其他的一切技能都没有任何意义。在心法领域，我把勇气当作最重要的素质去建设。心法、兵法和技法，这是三个维度的内容，它们的关系像钟表的时针、分针和秒针，上级维度一个刻度的突破相当于下级维度 60 分（或秒）的突破。所以这些年来我一直非常重视心法的建设。从某种意义上来讲，勇气像数字中的 1，如果它是 0 的话，其他一切的才华、方法、技能都发挥不出来，再刻苦也是白搭。在心法的建设当中，勇气是最重要的，它是一个真正强者的核心人格。同时，我觉得它是一种生命底层能量的呈现，你所有的主动改变，对这个社会不确定性的拥抱的推动力都来自勇气。

这个社会不缺少有才华的人，但永远缺少有勇气的人。很多人在自我学习、自我建设的过程中习惯于学习方法和技法，然而他的内心世界是中空的。他缺乏精神内核的建设，导致他缺乏信念，缺乏笃定，缺乏一定要把这件事做成的决心，缺乏相信自己的勇气；自然也缺乏胆量，缺乏狼性，缺乏强大的灵魂，表现就是性格懦弱，得失心太重，患得患失，不敢突破原有的限制和框架。他们最擅长的就是限制自己，在他们的头顶上永远都有一块玻璃天花板，一切探索还没有开始就把自己卡得死死的，这样的人注定不会有大突破。

▲ 对自己 100% 负责，良性风险的事情可以毫不犹豫地赋予勇气

获得勇气很重要的一点就是我们能够对自己 100% 负责。我想通了这一点，在我要辞职的时候，外在出现了很多反对的声音，他们第一反应就是：你疯了吧，这样的金饭碗你不要了，你现在的事业正蒸蒸日上，你的沉没成本太大了，你确定辞职之后能养活自己吗？你还要还房贷，还要养孩子……

这个问题我考虑得很明白，我要对自己 100% 负责，如果创业失败，我也为自己找到了可以托底的退路，当时我预留了大概半年的生活费、房贷等备用资金。我告诉自己，给自己半年时间，看能不能折腾出一些花样。如果不行，我也绝对不会给别人添麻烦和负担。如果 planA 行不通，那么我还有 planB 和 planC。

我们都厌恶风险，但是做任何事情，都要对风险的评估有正确认知。风险其实分为两种：一种叫良性风险，一种叫恶性风险。良性风险指的是成本有限，而收益无限。而恶性风险指成本无限，而收益有限。比如我的创业，

我判断它是良性风险。最坏的结果就是不成功，我失去半年的工资，走投无路我还可以再去找工作。而我觉得这件事的收益是无限的，如果成功了，那我就能实现时间、人身、财务上的自由。这种风险其实是可控的，并不会造成天塌地裂的后果。所以我判断这件事情是可行的。

什么是恶性风险呢？比如说别人要贷款 1000 万元，你去给他做担保。你的收益无非就是他觉得你是一个好人，你们俩的关系密切了，但是你面临的风险和成本就是贷款的连带责任。如果他断贷，你就是被执行人，你全部的财产都会被执行，严重影响全家人的生活。这种事情就叫恶性风险，我们要坚决回避。

想通了这一点，一旦我判断事件为良性风险，就会毫不犹豫地给它匹配上我的勇气，埋头苦干。事实证明，我的这个决策非常明智，让我成功转型。

▲ 多见识，看过见识过，才知道有这种可能性

获得勇气的一个很重要的途径就是多见识，多看到更多的可能性。古人常说家贫走四方，出湖南叫出湘，出安徽叫出皖。一个人如果终身留在一个地方，是很难有见识的。世界观实际上就是地理观，我们只有不断走出原来的局限，走出单一的地理位置，才能碰见更多的人，才会经历更多的事，才能看到世界更多的可能性。

　　勇气是一种看见未来的智慧，有时候不是你做不到，而是你不知道。我辞职前，在社群接触和辅导了各式各样的 IP 作者，有亲子家教、投资理财、心理辅导、女性成长等类型。在他们身上，我看到了很多的可能性，逐渐明白任何人都不只有一条路，也知道自己一定能用最爱的创作养活自己。

　　人之所以能够做出决定，是因为他看到更多的可能性，被激发、被触动。他内心有个声音：原来还可以这样？那么我是不是也可以？我也想试一试！

　　我的朋友朱玲，在教培行业面临变化的时候，也曾焦虑和犹豫。但是她通过不断报课学习，发现还有打造个人品牌这种选择。于是她果断辞职，开始打造自己的个人品牌，一边世界旅行，一边创业赚钱，活出了很多人都羡慕的诗与远方。我的朋友 Selena，在学业规划方面已经小有成就，但是她仍然坚持外出求学，把很多线上营销的方法运用在自己的工作上，获得了事业的第二春。我的同学薇安，她本来在世界 500 强企业做高管，经常辗转于北京、上海和广州，无法照顾在广州的家人，于是她也开展了个人线上创业，事业渐渐风生水起。我的作者曾老师和茜茜，之前一个在银行，一个在设计院，工作十分繁忙。有一次他们去新疆旅行，发现有很多旅行博主一边旅行，一边带货。他们深受启发，回来后同时辞职，现在双双成为知名博主。

　　我们每个人都本自具足，拥有喷薄而出的生命力。我可以拥有勇气，你

也可以拥有。关键在于你的勇气有没有被激发出来。当你不断修炼，并看到

自己真正想要的可能性，你一定会像我一样奋不顾身地去冲，活出你最重要

的才华来！

觉醒时刻

　　从今天起，我承诺 100% 对自己负责，不依赖外界的风向，不

逃避内心，勇敢地承担起生命中的每一个选择与结果。

　　我知道，每一个决定都关乎自己的未来，每一次努力都是对自我

价值的肯定。

　　"命运掌握在自己手中"，只有当我真正意识到这一点，并付诸

实践时，才能活出真我，成就非凡。我将以 100% 的责任，去拥抱

每一个当下，去创造属于自己的精彩人生！

心有猛虎，细嗅蔷薇：用强大的自我内核驾驭万物

你一定见过中国的太极阴阳八卦图吧！我们经常说的"阴阳和合"，强调的是宇宙间两种相反相成的力量，即阴阳两极的和谐统一。在太极图中，阴阳两股力量，是灵动的，你中有我，我中有你。如果只有一股力量，那就成了死板一块，不流动，不平衡，没有生命力。因此阴阳和合被认为是宇宙的最高法则，是万物生长和变化的根本原因。

有一本名为《全脑思维》的书，里面的观点说一个真正优秀的人的大脑是理性和感性并存的。我们写文章也讲究框架、结构、逻辑，同时也需要非常接地气的感性细节的描写。其实人也需要阴、阳两股力量相互平衡和协调，不断流动，在和谐、平衡和统一中不断成长，不断前进。这就是我们常说的凡是能成大事的人，必定雌雄同体。

其实男人也好，女人也好，本质上都是人，是人就要追求雌雄同体。这里有个陷阱，女性其实是被后天塑造的，社会、历史、文化对女人经常使用这样的形容词：小鸟依人、贤良淑德、相夫教子。看看女孩的玩具，芭比

娃娃、过家家……女孩从小就被赋予了这样的标签：温柔，为家庭付出。而男孩的玩具都是枪、炮、剑，男孩从小就被教育要勇敢，要去冲，要去闯。他们通常被赋予这样的标签：男儿有泪不轻弹，闯天涯，有出息。在我们来到这个世界之前，环境里就充斥着男女有别、男女不平等的思想，孩子一生下来，就掉进了这个大染缸。

心理学家荣格提出两种重要的人格原型：阿尼玛与阿尼姆斯。阿尼玛原型为男性心中的女性意象，阿尼姆斯则为女性心中的男性意象。所以从本质上说，每个人都是雌雄同体的，但是另一种人格特质需要刻意唤醒。男性人格很理性，粗线条，他很难与别人产生共情；而女性人格则很感性，细腻，共情能力很强，但是容易情绪化。男性和女性的思维各有所长，也各有不足，但是一旦唤醒另一种意象，就兼具了男女的优势，既矛盾又统一。

真正顶级厉害的人是雌雄同体，自成阴阳：心有猛虎，细嗅蔷薇；既有菩萨低眉，又有金刚怒目；既有大的战略，又有小的细节。在一阴一阳之中达成对立统一，这样才是一个完整的个体，也真正符合"道"的概念。这种人才能做成事，因为他可以在这两种人格里任意切换。

这些大女主有什么特征？

▲ 内在自我完整

因为内在人格完成了阴阳统一，雌雄同体，所以这样的女性极其独立，已经渡过难关，不会被任何的关系束缚了。我们有时做事瞻前顾后、患得患失，就是因为顾忌各种关系，在乎别人的眼光和看法，活在别人的嘴里。雌雄同体的大女主往往极其理性，她们知道让自己变好是解决一切问题的关键。没有稳定的自我内核，只顾关注别人的感受，都是讨好。而雌雄同体的女性早就看透这一切，她们只在乎自己的目标有没有达成，怎么达成，需要调动什么样的资源……有野心，有追求，抓框架，抓重点，抓核心，抓主要矛盾，有前瞻性，能看得到未来。就像电视剧《风吹半夏》里的许半夏，在以男性为主体的商业社会中做钢材生意，比男人还男人，从没有不好意思，从来不会对自己的野心遮遮掩掩，没有不配得感，没有扭捏，只有大大方方地绽放自己。

▲ 情绪稳定，拥有屏蔽力

内心强大、心智成熟的人早已摆脱了低级的情感需求。获得世俗意义上的成功的男性几乎不会歇斯底里，哭天喊地。而真正雌雄同体的女性每临大事有静气，情绪极度稳定，一切都在她掌控之中。一个人之所以有潜力，很重要的是因为拥有屏蔽力，给自己加上"金钟罩和铁布衫"。在你成长的路上会有各种声音，有质疑的，有打压的，有恐吓的，有嘲讽的，你要学会降噪，把这些乱七八糟的声音全部屏蔽掉，心无旁骛地朝着自己的目标前行。没有"玻璃心"，不莫名其妙地恐惧、生气、愤怒，不再整天在情绪之海里沉沦扑腾。女人天生是感性的，一点点小事都能让她泛起情绪，就像海滩上的牡蛎一样，活在简单而频繁的刺激反应中。这种情况下还怎么指望自己做成正事？我们需要让自己高级一点，皮实一点。

▲ 爱自己

让自己走向成熟和完整，才能更好地爱别人，否则所谓的爱都是索取和期待，都是披着爱的欲望。雌雄同体的人都真正学会了爱自己。这样的人明白：所有的关系都不能靠付出、讨好来维系。一个连自己都不爱和尊重的人，是无法爱和尊重别人的。当你不能给自己爱，你又如何能够爱别人？雌雄同体的人都是本自具足，不再匮乏和恐惧，他们跟任何人在一起，不会索取和控制，这时候他们给予的爱就是纯粹的爱，不会要求对方回报或者对对方有期待。所谓自利利他，自爱爱人，自渡渡人，爱自己不是自私，而是先让自己走向成熟圆满，爱满则自溢。

如何才能做到雌雄同体？

若想打造女性的强者内核，最重要的是建立自我。从我真实的成长过程来看，这一环节就是自我的觉醒、驱动、挑战、扩大、稳定的过程。但是回到源头，自我是如何觉醒的？其实就是发展自己欠缺的人格意象，完善自己的人格，也就是我们所说的雌雄同体。

在自我觉醒之前，在原生家庭和成长环境中的我，女性意象极强，男性意象未被开发，太极图上白茫茫一片，外在的表现就是文静柔弱，天生浪漫，对外在现实世界并不了解，充满了不切实际的期待，没有被现实摔打过或者是说摔打得不够。虽然在原生家庭中不断抗争，但基本上处于被控制的状态；在婚姻中，非常传统和保守，作为一个妻子只会逆来顺受；在职场中，不敢发出自己的声音，是个小透明，即使被别人欺负拿捏了，也不敢吭声，还要赔着笑脸，晚上回去辗转难眠地消化。

这一切直到我的生命之舟抵达了人生的至暗时刻——和公婆发生激烈冲突的那一晚，在那一刻，我知道谁也指望不上，幻想彻底摔得粉碎。那就让暴风雨来得更猛烈些吧，生命力爆发，男性意象的阳刚力量感被唤醒，自我就这样觉醒了。我告诉自己从此以后不相信眼泪，我把自己打造成了一个战士，浑身上下全是盔甲。我开始了自我驱动和自我挑战，仿佛成为花木兰，穿上盔甲，拿起长矛，在战场挥刀厮杀。我大杀四方，不断地打胜仗，取得好成绩，像个威风凛凛的将军一样凯旋。我尝到了男性人格给我带来的快感，特别享受和迷恋成功给我带来的一切便利，甚至利用这些战功去回击那些曾经伤害过我的人。我跟父母产生了非常激烈的争吵冲突，好像要把青春期的叛逆在这个时候全部补回来。我跟老公各种争吵甚至为难于他，我要让他也尝尝我当年痛苦的滋味。自我刚刚诞生的时候，我身上的阳性力量占据了大部分，我甚至痛恨自己的阴性力量和性别。

本我和这个新的自我不断磨合，很明显，有时候我控制不住它，它横冲直撞，很不稳定。直到有一次上课，一位大姐撩开了自己的衣角，我看到她的腰上有一道三寸的疤痕，当她流着泪说着自己当年的故事的时候，那一刻不知道为什么，我心中充满了悲悯之情，原来大海上航行的船，每一艘都带着伤。我居然不知不觉地流泪了。其实这之前很长时间里我是没有办法流泪的，但那一刻我知道我在别人的故事里流着自己的泪。对方讲了十几分钟，而我却哭了 40 分钟，怎么也停不下来。我知道我的心慢慢地打开了，我的阴性力量渐渐回归了，心里的那口干涸了很久的泉眼，现在又开始汩汩地冒出泉水了。

从那之后，我整个人柔软了很多。后来当我了解了雌雄同体概念之后，我决定在工作上依旧冲锋陷阵，在生活中随性自我，可以接受"朔气传金柝，寒光照铁衣"，也可以选择"当窗理云鬓，对镜帖花黄"。我不再逃避各种关系，我开始去学习心理学，去感受，去改善。

对于我的父母，我会主动去跟他们和解，不再怨恨，不再抱怨。我明白父母给我的生命就是正品，其他一切都是赠品。他们有他们的命运，我把他们的局限还给他们，也把自己的力量拿回来。对于老公，我想他这辈子确实是来帮助我的，如果没有他，我可能还在岁月静好的幻想中。这几年来，我一路狂奔，他也在后面步履不停，受我的影响，他也像换了一个人一样。而对于曾经伤害过我的人，我当时的处理方式是直接从生命中拉黑。为了疗愈那个让我撕心裂肺的场景，我做了无数次的心理咨询，反复痛哭流涕，咬牙控诉，捶胸顿足。直到有一次，我的咨询师问我，你现在怎么看他们，我淡淡地说不重要了。是的，没有矫情地说原谅，也没有了恨，没有了怨，提到他们，我的情绪不再有起伏，不再有颜色，像是一团烟雾，渐渐地消失不见。

也许在你生命谢幕的舞台上，那些爱你的人、不爱你的人、白衣天使、黑衣天使统统都上台了，你才发现他们都是你的灵魂好友，扮演了那些不光彩的角色，只为唤醒你的灵魂。那一刻，我知道我跟自己和解了，接纳了这个世界，内心扩容了，升腾起更多的爱和慈悲。自我变大、变得稳定，能容纳更多的人和事了。所谓的成长，大概就是用新方法来面对老问题吧。

这就是我的故事，你知道人为什么要雌雄同体了吗？阴阳这两股力量互相推动、相互融合，在矛盾中不断地对立和统一，这样你的自我内核才能建立，才能稳固，才能成长，才能推动你外在进步。

觉醒时刻

我就是大女主，我就是雌雄同体，用强大的自我内核，以无畏之心驾驭万物。

我的内心深处有着对自我价值的认知和坚守，世界在我脚下，未来由我定义，力量与智慧并存，无惧挑战，我定要书写属于自己的传奇篇章！

第四章

放下期待

我就是自己的码头

斩断期待、幻想和妄念，早点了解这个世界的本质，尽情绽放自己的生命之花。

活在人世间，你务必拒绝"等""靠""要"

几年前，我在单位带教过一个实习生，一个来自"985"高校、学法律、挺有才气的姑娘。可惜她是个"恋爱脑"，私下聊天张口闭口就是自己的男朋友。这个男生确实很优秀，担任学生会主席，又是学校足球队的骨干，专业、社交、人脉都没的说。

在她快毕业的时候，我本想提醒她考虑一下我们单位，但是明显感觉她并不上心，她说自己的男朋友已经进入公务员面试了，她要全力支持男朋友考试。一旦他考上了，自己的户口也能解决。作为过来人，我听了她的话就觉得不对劲：且不说他俩只是男女朋友的关系，就算是结婚领证，男生身份上的好处也不一定能轮到她。再说，她自己也不差，为什么要把自己的命运交到别人的手里呢？

后来这个女生突然就结束实习了，听说她男朋友确实考上了某重要单位，但是考上之后就跟她摊牌分手了。我很心疼这个姑娘，明明自己有一手好牌，却弃牌下桌给别人端茶倒水去了。她消失了半年，突然有一天发信息和我说，她终于走出来了，凭借努力考入了更好的单位。那一刻，我真心为她高兴，不仅仅是因为她有了工作，更重要的是，她戒掉了"等""靠""要"。正如茨威格在《断头王后》中所写："她那时还太年轻，不知道所有命运赠送的礼物，早已在暗中标好了价格。"那些看似轻松的选择，却是最危险的路。追求"容易"，本身就不是一件容易的事。靠山山会倒，靠水水会流，只有靠自己才能永远屹立不倒。

我不知道那半年她经历了什么，但她的故事让我想到了弘一法师曾经说过的一段话：无人可依，是上天给你最大的礼物，这样才会彻底斩断你对外界的一切期许。一切向内求，直面所有的痛苦与恐惧，从而走向真正的本自具足。因为我知道，走投无路之后就是大彻大悟，大彻大悟之后就是无所畏惧，无所畏惧之后就是风生水起。无人可依，走投无路，就是斩断向外求，斩断"等""靠""要"。

说到"等""靠""要"，你有没有经常遇到下面这些场景：

• 客户说过段时间找你，但是都过了一个月还没联系。你叹了口气：算了，再等等吧。

• 重要人物说给你一个机会，提拔你当部门一把手，你却说要回家征求老公的同意。

• 有个领导总是给你穿小鞋，你除了跟闺密抱怨，跟家人诉苦，什么都不能改变。

● 看到之前的同学考研成功了，很羡慕，但是自己现在的情况不允许，等过段时间再说……

电视剧《天道》中，深谙为人处世之道的丁元英认为，决定一个人成败的不是智商，而是三种"弱势"思维。

▲ 弱势思维一：等

冯世杰、叶晓明和刘冰这三个人在等待一个机会，贫困村王庙村在等一位高人来拯救他们。这些人都没有主动去改变，都在等那个遥远的救世主！在现实中，"等"是自己不主动，不努力，等着天上掉馅饼，等着别人来拯救自己。

▲ 弱势思维二：靠

丁元英说："传统观念的死结，就在一个'靠'字上，在家靠父母，出门靠朋友，靠上帝、靠菩萨、靠皇恩……总之靠什么都行，就是别靠自己。"现实中，"靠"是任何事都想靠别人，靠父母、靠另一半、靠朋友等，简直可以说成只要有个墙角就想靠一靠。

▲ 弱势思维三：要

《天道》中的"要"被概括为"破格获取"：每个人都在盼望着以最小的代价去破格获取更多的收益，或者伸手去拿不属于自己的东西。现实中，"要"就是自己什么都不创造，只做消费者，不做生产者，伸手向别人要，要钱、要情绪价值、要希望、要信心。

如何克服"等""靠""要"？

▲ 人格独立

在人生的低谷时刻，我时常感到无助和孤独。我特别希望有人来帮我，有人来为我挺身而出，有人来帮我主持公道，有人能帮助我走出去，有人能开导我。但是我发现根本找不到这样的人，哪怕自己的父母。在每一次的人生低谷时刻，我其实都是无人可依、无处倾诉。于是2018年我学习教练系统，学会了向内探索，在一次次的教练对话中，我渐渐了解自己，开始有意识地培养自己独立完整的人格。也许别人帮过你，但那不是再帮你的理由；也许你靠别人成功过，但并不意味着你遇到困难就能指望别人；也许你习惯了什么事情都等别人拍板做决定，但是总有任何人都无法替你做决定的时候。

告别"等""靠""要"就是摆脱不成熟的"儿童人格"，要知道很多人一把年纪，甚至白发苍苍，但是内在心智还是个孩子，不敢自己决定自己的人生，不敢 100% 对自己的人生负责，不敢去主动创造自己想要的局面。为了避免这样的情况，我们需要升级自己的内在人格，变得更加成熟、理性、独立。

▲ 积极主动

不管遇到什么事情，你总是想着等别人，靠别人，问别人，好像自己什么事情都解决不了。可是，这个世上哪有什么救世主呢？真能救你出水火的，只有你自己。"等""靠""要"思维让你不再积极主动，让你变得思维懒惰，让你慢慢地停止成长，让你的生命力越来越萎缩。所以，不要让这种思维毁了你，告别"等""靠""要"，做一个积极主动的人。

但凡在事业上做得风生水起的女性，一般来说都比男性要厉害得多，因为她们身上曾经有很多束缚、负担和限制性信念，但是她们打破了这些枷锁，改写了自己的命运。在目标上，她们懂得"求其上者得其中，求其中者得其下，求其下者无所得"，敢于去争取结果；面对困难、挑战，她们可以像男性一样思考，不疾不徐，不躲不逃，调动一切可以调动的资源，逢山开路，遇水搭桥。

▲ 不断扩大自己的舒适圈

心理学有个"舒适圈"理论，主要分为三个区域——舒适区、学习区、恐慌区。该理论认为，人在舒适区最有安全感，但缺乏挑战，只有走出去，才能进步；如果在学习和工作上总是停留在舒适区，只关注自己最熟悉的内容，就很难有突破和进步。人们常常说要跳出舒适圈，其实这种说法并不精准，应该叫作扩大自己的舒适圈，收纳更多的能力和才华，让自己熟练自如地运用它们。

我见过一个女孩，曾经在一家大型互联网公司做人力资源工作，刚开始工作时，每天加班到很晚，永远有做不完的表格，整理不完的资料。有一天她忍无可忍，猛然发现有专门针对人力资源管理工作的 AI 工具，立马报名学习，结果后来每天下午 4 点多就完成当日任务，从此准点下班，可以跟朋友聚会、逛街。这就是迈开了一步，扩大了自己的舒适圈，拓展了自己的能力圈。

人总在舒适圈里待着，也不见得就是好事。我见过一个女性高管，工作能力很强，但是在感情中，对老公出轨不敢吭声，选择睁只眼闭只眼，但是又不断地内耗自己，这么多年来都在泥潭里挣扎。这样的生活状态就是她的舒适圈，她不敢改变，不敢往前一步。那么，除了逃避之外，她能不能把这件事挑破，拿到台面上来解决，而不是默默忍受？我们常说忍一时风平浪静，退一步海阔天空，可是用他人的过错来伤害自己值得吗？所以，不断扩大自己的舒适圈，让自己有更多的选择，那时候你才知道原来还可以这样，这样的生活有多爽！

张桂梅老师在"华坪女子高中誓词"中说道："我生来就是高山而非溪流，我欲于群峰之巅俯视平庸的沟壑。我生来就是人杰而非草芥，我站在伟人之肩藐视卑微的懦夫。"

姑娘，你生来就闪闪发光，要记得，拒绝"等""靠""要"是你开启新旅程的前提。在新的旅程中，也许你可以真正学会爱自己，成为真正的自己，活出一个闪闪发光的自己。

觉醒时刻

　　摒弃"等""靠""要"的软弱念头，真正的强大源自不懈的自我超越与积累。善良与品德，非外界之赞誉，而是内心纯净与力量的自然流露。

　　我就是自己命运的主宰，无须依附，亦无须乞求。以独立之魂，让生命之花在自我奋斗中绚烂绽放！

祛魅：让自己变好，是解决一切问题的关键

一天晚上，快 11 点了，我正在关电脑准备洗漱睡觉，突然发现表妹打来电话。这么晚了，这是怎么了呢？正当我疑惑着接起了电话，那边带着哭腔说道："姐，你知道吗？你介绍的那个机构太过分了，这么大的平台，开始说得天花乱坠，结果收购我们之后第一件事居然就引起了血雨腥风，跟着我们多年的小伙伴说裁就裁，我现在真的不想跟他们合作了……"

我这才反应过来，我曾经给表妹介绍过一个大平台对接业务。对接完了之后，我也没有跟进，只是断断续续听她说对方很厉害，很强大。曾经一次在酒桌上，我听对方说了一句话："您表妹说了，唯我们马首是瞻。"当时听到这句话，我心里就咯噔一下，心想：这合作八成是不成了！果然，没到半个月，就接到了表妹半夜的哭诉，意料之中。

我没有对她提起我听到对方说的那句话，只是问她："你是不是特别热情？"她表示肯定。我瞬间就知道问题出在哪里了，于是对她说："如果你没有挨过现实的巴掌，那说明你还没有经历过风浪，没有机会真正成长。即

使你挨过现实的巴掌，也要透过现象看到问题的本质：你为什么挨巴掌？这个巴掌在提醒你什么？你需要修炼的是什么？"

这里我直接公布答案，就是我们这篇文章要讨论的主题：祛魅。"祛魅"是哲学家韦伯提出的概念，指的是对某些事物褪去光环、发觉真相的过程。祛魅的过程其实就是去除迷信的过程。

我们为什么要祛魅？

▲ 警惕光环效应导致不真实

光环效应最早是由美国著名心理学家桑戴克提出的，是指一种爱屋及乌的强烈知觉的品质或特点，就像月晕的光环一样，向周围弥漫、扩散，因此被形象地称为光环效应。在光环效应下，对方就不真实了，像是被镀了层金光，会影响你的判断和行动。别人带着光环，就意味着你会暗淡。这里的"魅"是一些标签：权威、学历、奢侈品、名校、成功人士、教授、总裁、明星偶像、富二代等。最近网络上有个话题：这个世界就是一个巨大的草台班子。话题的本质就是祛魅，当你深入了解一个人或者一个平台的时候，你会发现这些根本经不起推敲，甚至漏洞百出，你所看到的要么是别人包装出来想让你看到的部分，要么是你自己投射过去的光芒，为对方镀了一层金。

我们不能生活在谎言编织的温室里，否则当真相的暴风雨来临时，我们将无处可逃。就像在爱情中，你对一个人失去客观判断。"终有一天，你不得不承认，你爱过之人确实是一个薄情寡义之人，他没有那么爱你，也没有那么优秀，是你的爱给他镀了一层金。"这句话完美诠释了光环效应。就像你用的美颜相机，加了各种滤镜之后，拍出来的根本不是真实的自己，甚至爸妈看了都不一定能认出你。所以人与人相处，真实地面对这个世界很重要，不要给对方开美颜滤镜，也不要被对方开的滤镜给唬住了。在《百年孤独》中，加西亚·马尔克斯写道："过去都是假的，回忆是一条没有归途的路，以往的一切春天都无法复原，即使最狂乱且坚韧的爱情，归根结底也不过是一种瞬息即逝的现实，唯有孤独永恒。"背后也隐喻了祛魅后对于世界本质——孤独与真实的深刻洞察。祛魅能打破我们对外部世界的幻想，帮助我们看到世界真实的样子。

▲ 一旦对对方产生这种情愫，双方会置于极度不平等的地位

"他强由他强，清风拂山岗；他横任他横，明月照大江。"很多优秀的

小伙伴，就是被大人物的光环所吸引，飞蛾扑火地迅速被收编，失去了自己的主体性和独立性，也失去了自己发展的可能性。弱的一方面对强的一方时很容易束手就擒，被打得落花流水。要知道，对方再强大，跟你又有什么关系？凡是谈到合作、权力分配、利益分成，你就彻彻底底地明白了，对方不是慈善机构，天底下不会有免费的午餐。这些光环和滤镜就像光源，它的存在很可能是为了诱捕和射杀飞蛾。

▲ 人容易对自己看不透的东西盲目崇拜

这是一种弱者心态，"等""靠""要"的思想在作祟。实际上，当我们完成对世界的祛魅，就会发现人人都有缺点。很多表象是被包装和设计出来的，不要相信你看到的海报、广告、数据，它们都有可能是不真实的。网络上的人动辄海归博士，月入十万元，几轮投资，几百万发售，让你陷入一种迷惑中：现在世界都发展成这样了，而我怎么还在原地？当你刺破这些虚浮的泡沫，你的内核逐渐变稳，就不会在这些幻象中做梦了。

我们应该如何祛魅？

▲ 强内核，永远不要低估自己

慕强是人类天性，但是成长就是要逆人性，祛魅不慕强，而是一个人变强的开始。不要一见到带有光环的人就恨不得五体投地、唯唯诺诺，陷入自卑和自我否定。把别人推到神坛，把自己摁到观众席，开启大功率闪光灯对着别人照，这是一种抬高他人、矮化自己的行为。很多时候声势都是纸老虎，不要把别人想得太强大、太完美。关掉滤镜，关掉闪光灯，把舞台留给自己，把王冠戴在自己的头上，把精力聚焦到自己的身上，让自己变强，而不是一心一意地去给别人打光。不要矮化自己，看到每个人的差异性、阶段性，不被外在、暂时的外相所迷惑。

永远不要低估自己，把时间和精力都用在自己身上，一重山有一重山的错落，你也有你的平仄，不必羡慕别人的高光，你自己也闪闪发光。

▲ 不起贪心，不被裹挟，不被诱惑，知道自己到底要什么

当你发现自己和他人之间的差距时，可以反思一下那些所谓的光环、魅力真的是你想要的吗？是不是在粉丝尖叫中，失去了自我？是不是在荧光棒

海洋中，被裹挟着盲目崇拜？是不是在舞台音乐的催化下，进行了自我催眠或集体催眠？是不是在别人递过来的名片头衔中，瞬间矮化了自己？

人之所以痛苦，有时是因为追求错误的东西。我们应该学会放下内心的贪念和执念，专注于自我修炼，而非被外界纷扰所影响。我们要建立强大的自我内核，突破外界单一的价值评价体系。你在这个领域很有成就，很好，但是那又怎样，跟我有什么关系，我不起贪心，就不会被诱惑，风动、幡动，我的心如如不动。

因为我有自己要追求的目标，所以我有不被欲望牵引的定力，不起贪欲。我有自己的轨迹和追求，以及清醒的头脑，我不会为你驻足半秒钟，不会轻易对外在的任何东西上瘾而丢失了自己。保持一身正气，不巴结，不慕强，不自卑。

▲ 多见识，多经历，透过现象看本质

之所以要祛魅，就是因为我们常常羡慕别人的光环和外在的标签。其实这个世界上，值得我们去学习的人很多，但是不要被那些华而不实、混混沌沌的外在迷惑了。要多去见识，才能去伪存真，去粗存精，为自己所用。当你见过真正的大人物，见过大场面，起点一高，那些花花绿绿的标签其实很难进入你的法眼。你一眼就能看出来谁是真的有货，谁是个绣花枕头。

另外，看人要看他冰山之下的部分，有哪些核心品质，在冰山之上的财富、头衔、身份的下面到底有什么品质支撑，什么品质是值得我学习的，我怎样才能拥有这些珍贵的品质呢。《教父》中的一句台词，被很多人铭记于心："花半秒钟就能看透事物本质的人，和花一辈子都看不清事物本质的人，注定是截然不同的命运。"这些年来，我接触到很多重量级人物，我不会在他们的标签中迷惑，我会去看、去听、去问，总结他们成功的关键要素，识别出哪些要素是我可以学习的，借鉴的，吸收的。有的人是眼光，有的人是胆识，有的人是学习力，有的人是连接力。每次接触过后，我都会认真复盘，把他们的这些核心要素总结出来，不断吸收和学习。万物不为我所有，万物皆为我所用，通过这种方式，这些年我的进步速度极快。

最后，我想把这首让我产生共鸣且被我改了后续的歌词送给大家，这个场景曾经出现在我的梦中。其实人世间，往往做的是事，修的是人，炼的是心，希望你能够理解我的用心。

此时已莺飞草长爱的人正在路上

我知他风雨兼程途经日暮不赏

穿越人海只为与你相拥

此刻已皓月当空爱的人手捧星光

我知他乘风破浪去了黑暗一趟

感同身受给你救赎热望

鲜衣怒马少年郎

他踏着七彩祥云过来了

当他渐渐走近了，我才看清楚

那个人从来都不是别人，而是另一个自己

他从未来赶来，与你合一

成为一个雌雄同体的自己

觉醒时刻

　　他人的卓越诚然令人钦佩，那仅是世间万千风景一隅，于我而言，
不过是激励自我超越的镜像，而非衡量自我价值的标尺。

　　无须让他人的光芒，遮蔽了自我探索的星光。

　　将视线聚焦于自我成长的山峰之上。

　　我就是自己命运的主宰，是那座独一无二的山，高耸入云，风景独好。

　　无须仰望他人，只需脚踏实地，一步步攀登，让世界见证我的辉煌。

放下对别人"无条件的爱"的期待

　　曾经的我总是对无条件的爱有执念，我觉得我的父母就应该给我无条件的爱，我的老公就应该给我无条件的爱，直到在现实中被狠狠地扇了耳光，我的白日梦瞬间醒了。后来我不断地去上课求学，我曾经问猫叔："这个世界上存在无条件的爱吗？"他的回答是："你可以给别人无条件的爱，但是你无法要求别人给你无条件的爱，因为你一要求，就是有条件的了。"这句话让我醍醐灌顶，我怎么能够去要求别人，去追求我不可控的事物呢？这太无常了。我怎么能这么愚蠢地对它有执念？

　　爱自己是一生浪漫的开始，只有爱自己的人，才有能力去爱别人。先爱自己，把自己爱得满满的，爱满自溢，周围的人就会感受到你无条件的爱。如果自己是匮乏的，还委屈地逼着自己给别人爱，那绝对是有条件的，是期待，是交换，注定是失败和失望的。这个世界的本质是价值交换，价值交换的本质是共赢。而你要去做的就是获得价值交换的资格和能力，只有共赢，才能继续走下去，不然也只是短暂的交集。懂得了这一点之后，我放下一切的期待和幻想，不依赖外在，不向外求，而是老老实实地提升自己，并且只对善待我的人好，在关系上做断舍离，与对的人共赢。自爱不是自私，而是认识到自己的价值，并珍视它。当你真正爱自己时，你会发现你也有能力去爱别人。

▲ 感受世界对你无条件的爱

有一年秋天我去了一趟灵山。那里五彩斑斓的秋景让人心旷神怡。云雾缭绕，仙气飘飘，新鲜的空气、金色的阳光、蔚蓝的天空、五颜六色的草甸、成片的白桦林，还有那流淌进我们住的小院的朵朵白云，这一切让我真切地体验到生命的丰盛，甚至丰厚。原来这个世界是这样的深情，用这种方式给我们无条件的爱。

地球存在了这么多亿年，而人类只是匆匆的过客，从出生到死亡，只是浩瀚地球中的一粒沙、一滴水、一个小片段。所以当我们这一粒沙、一滴水、一个小片段来到这样浩瀚、丰盛、充满爱的地球时，我们是如此幸运。

我们不仅拥有春夏秋冬、山川河流，还拥有深厚的历史文化、美好的自然景观、积淀已久的经济社会，以及先进的科学技术等。我甚至觉得出生在任何时候，对我们来说都是最丰盛、最有爱的，所以我们自带资源，自带光芒，而这些资源和光芒是这个世界赋予我们的，同时也是从我们的内在折射出来的，重要的是要能看见这个世界的光芒和资源。

那一刻，我看到了我发自肺腑虔诚的感恩，我感受到这个世界对我们的厚爱和深情，即使是一个片段、一粒尘埃、一滴水滴，我也是一个富足、丰盛的存在。我与这爱和丰盛的世界连成一片，我内心的小宇宙与外在的世界连成一片，当我觉察到它的爱，我就充满了爱；我充满了爱，就更能感受到它的爱。大河有水小河满，这个大河的爱永远是丰沛的，甚至是波浪滔天的。

当有了丰盛的体验后，我的内心充满了爱，当然个人的丰盛需要自己去实现，但是内心的丰盛始终要先于外在的丰盛而存在。爱只会流向不缺爱的人，丰盛也只会流向内心丰盛的人。

▲ 感受大自然对你无条件的爱

"自然永远在说话，只是人类常常没有倾听。"大自然总是有疗愈的神奇力量。我们来到大自然，才有机会感受到天人合一，感受到大自然对人类无条件的爱。2023年在西双版纳的野象谷，我就真真切切地体验到了这一点。

我在野象谷享受着山风在耳畔拂过，蔚蓝的天空下，金色的阳光洒遍全身，处在漫山遍野的森林中，巨型的蕨类就在脚下随风摆动。索道车厢两边时而能触碰到紫色的小花，一阵阵交织着松树香、花草香，凉凉的，沁人心脾，让人忍不住深呼吸。

近处鸟儿的叫声清脆婉转，仿佛就在脚下和身边。远处时而传来原始野象群响彻山谷的颤音，感觉徜徉在森林里，融化在这片丛林中，我就是这里的一分子，也在这里同呼吸，共绽放。

那一刻我一点都不想说话，也不再想其他的事情，生怕误了美景，静静地享受这天地日月的精华。没想到，在半小时的回程索道上我居然睡着了，醒来时快到终点了。就这一个小盹，让我全然地在大自然中放下一切，心无挂碍，悠然自得，醒来时，感觉这一年来的疲惫一扫而空，神清气爽，依依不舍，回味无穷……

在这片野象谷的原始雨林里，我度过了一段最温馨的时光，得到了大自然无条件的爱和疗愈，心灵得到了巨大的抚慰和放松，这是我之前从未体验过的。

▲ 爱自己

熟悉我的朋友知道，我很喜欢囤积五花八门的面膜，美其名曰爱自己。但是我很少用，一段时间后过期了就扔，其实还挺可惜的。我曾经认为是自己比较懒。有一天，我心血来潮选择了一种很麻烦的涂抹式面膜，我精心地调制了半天。当我对着镜子仔仔细细地抹在脸上的那一刻，我哭了。因为我明白了：我不是懒，而是不爱自己。

我虽然舍得买面膜，但不舍得花时间和精力在自己身上，因为我觉得自己不值得，不配得到这样的对待。在我的认知里，时间需要用来服务我的客户，用在自己身上则不应该。

那天我脸上抹的是厚厚的面膜，一道道泪痕让面部像个大花脸，一点也不好看。但即使那样，我却觉得自己是这个世界上最珍贵的、最宝贵的、最值得花时间和精力去陪伴的那个人，我内心的冰块也渐渐融解。当我们内心有了爱，我们才能去给更多人爱，因为人无法给出自己没有的东西。

亨利·戴维·梭罗在《瓦尔登湖》中说："我步入丛林，因为我希望生活得有意义，我希望活得深刻，并汲取生命中所有的精华，然后从中学习，以免让我在生命终结时，却发现自己从来没有活过。"去寻找滋养自己的环境，这里的人的思想和场域就像是一条大河，时而波浪滔天，时而涓涓细流，而你就是这条河里的一颗小石子，之前你也许充满了棱角，攻击自己，批判别人，看谁都不顺眼。但是渐渐地，你会惊奇地发现，在这条大河的碰撞、融合中，你身上的棱角消失了，变成了一颗圆融、晶莹剔透、美好的石头……

觉醒时刻

　　我开始摒弃对他人无条件的爱的盲目憧憬，深耕自我成长的沃土，我意识到：我们各自璀璨，不依附，不黯淡，如同夜空中最亮的星，沿着既定的轨迹，坚定地绽放着独一无二的光彩。

　　真正的力量源自内心的丰盈与自足。每个人都有权利且能够成为最耀眼的存在。如此，我不再寻求外界的认可来定义自我价值，因为我深知，最强大的光芒，永远源自内心深处的自我认同与自我实现。

拒绝"恋爱脑"：修炼自己比寻找伴侣更重要

我认识一个女孩，她在专业能力上很强，很有才华，但是她有一个非常奇怪的感情模式：每到一个单位，她就会跟周围的男生产生关系，不论这个男生是她的上司，还是她的下属；不论这个男生是未婚，还是已婚，以至于她不得不经常换工作，因为最后都是感情问题导致她在公司待不下去。她跟男生在办公室打架，也曾经跟对方的妻子互揪头发，她甚至帮男人去借高利贷……总之她的每一段职场经历，都伴随着一段乱七八糟、支离破碎的感情，没有一段感情是正常的。前段时间我听朋友说，这个女孩一直没有结婚，事业也是断断续续，没有积累。其实这样的女孩很可惜，也很让人心疼，她就是我们常说的"恋爱脑"。

我还见过有位邻居阿姨70多岁了，她来儿子家小住，而老伴在老家。她给老伴发信息，但老伴当天晚上没有及时回复她，她一气之下把老伴的微信给拉黑了。看到她这样，我也是哭笑不得。你看，恋爱脑不仅仅发生在年轻女孩身上，只要是没活明白，女人多大岁数都会有这个烦恼。这篇文章就来帮你看透恋爱脑，不再受其所害。

什么是恋爱脑？为什么智者不入爱河？

恋爱脑就是一种爱情至上的思维模式，往往形容那些一恋爱就把全部的精力和心思放在爱情和恋人身上的人。

那么恋爱脑到底是怎么回事？问世间情为何物，其实就是一堆激素。恋爱时，人会受到体内化学物质的控制，它们就是大脑分泌的激素和神经递质。最初让你一见钟情的物质，叫苯乙胺（PEA），它能让人产生一见钟情的感觉。恋爱中，人体血液中的PEA含量比平时高出2~5倍，让人变得更有魅力，但是同时也让人失去理性，只看得到对方的优点，而对缺点视而不见。随着PEA含量的上升，大脑中负责记忆和注意的功能直线下降。

PEA还会促进多巴胺和去甲肾上腺素的生成，它们是恋人相互吸引、坠入爱河的原因。多巴胺靠外在刺激，让我们感受到愉悦和满足。人一旦大量分泌多巴胺，一些记忆就会被短暂抑制，更加不理智。所以恋爱中的人会变"傻"，这种说法并不是无中生有。但是这些激素不能持久，持续时间通常只有几个月。当多巴胺减少分泌，我们从恋爱中"下头"，理智就会恢复。这也是智者不入爱河的原因，因为在形形色色的激素刺激下，一个恋爱中的人想保持理性和正常，是很难的。

恋爱脑有什么表现？

20 世纪 80 年代，心理学教授询问 400 对情侣关于爱情的态度和看法，整合他们的回答后，筛选出那些对爱情比较极端的人，总结出恋爱脑跟正常恋爱的区别，恋爱脑人士通常有以下的特质：

- 希望时时黏着伴侣，像连体婴一样，无法独处；
- 需要不断确认或者测试伴侣是否真的爱自己；
- 自尊心较弱，因为害怕被抛弃而不顾一切地讨好伴侣；
- 眼里全是伴侣的优点，感觉对方浑身上下都发着光；
- 在恋爱关系中患得患失，希望能控制伴侣的生活；
- 过分关注伴侣，从而无法专注于自己的工作和生活。

可见，恋爱脑受激素的影响，呈现出一些不健康的恋爱方式，害人害己。

人为什么会出现恋爱脑？

从心理学上来讲，这要追溯到人的依恋模式当中。人小时候是需要养育者悉心照顾的，这个养育者往往是妈妈，妈妈会成为孩子的"第一重要他人"。妈妈需要养育照料孩子并保护孩子的安全，这个过程中形成了一种依恋关系。一个人的依恋模式，会自然地陪他进入青少年时代及成人世界。人在孩童时期会形成以下四种依恋模式：安全型依恋、焦虑型依恋、回避型依恋和混乱型（焦虑＋回避）依恋。

▲ 安全型依恋

这一类人安全感十足，容易表达兴趣和喜爱，也很容易独处，更加独立。他们能够把生命中所有重要的关系按照优先级排序，画出清晰的界限并坚持这些界限。

▲ 焦虑型依恋

焦虑型依恋的人总是对自己的爱情感到紧张兮兮，时不时地需要伴侣表达爱意来消除自己的不安全感。他们很难独处或者保持单身，经常陷入不健康的关系里。

▲ 回避型依恋

回避型依恋的人在爱情关系中对他人极度依赖，同时又以自我为中心，并且不喜欢亲密的关系。当有人向他们靠近的时候，他们经常会抱怨太拥挤，都要窒息了。

▲ 混乱型（焦虑＋回避）依恋

混乱型依恋是四种类型当中最糟糕的一种，混合了焦虑和回避两种依恋类型。这类人不仅仅害怕进入亲密关系，也不信任任何试图靠近他们的人，甚至会把对方吓走。

在心理学中，恋爱脑这种模式被称为病理性依恋或痴迷性依恋，通常被认为是焦虑型依恋关系的一种，也被称为过度依恋或不安全型依恋，这往往与小时候父母建立的依恋模式有关。恋爱脑的人很可能是从小缺爱，没有在父母那里得到足够的爱，所以在进入恋情后，就容易患得患失，总是害怕对方离开。

恋爱脑的人没有主体感和归属感，只要一恋爱，瞬间失去了自己，对伴侣是一种"情感饥渴"，内心有个黑洞，总想找个父母型的恋人来填充自己童年缺少的爱，总是希望对方能源源不断地填满自己爱的黑洞。在感情中特别喜欢试探对方，会为了维持现有的关系而不顾一切地讨好对方，甚至可以抛头颅洒热血牺牲自己。所以出现了"生命诚可贵，爱情价更高"这样的论调。

恋爱脑的人没有安全感，很难独处，总是担惊受怕，害怕自己哪一天被抛弃。一旦和恋人建立联系，就会步步紧逼对方，这种掌控和索取会越来越呈现侵犯性和窒息性，让对方感到压抑和恐惧。这样的依恋模式，反而很容易断送这段感情。因为这是一种激情式飞蛾扑火的爱，缺乏理性思考，且构建的是不对等的关系，而真正的爱，是建立在平等关系基础上的。

如何拒绝恋爱脑？

▲ 完善自己的内在人格

传统观念认为婚姻是女人的第二次投胎，一定要找到对自己好的另一半，才会幸福。这其实是最大的谎言！有一句话说："无论你和谁过，都是在和自己过。"任何关系的本质其实都是和自己的关系，亲密关系也不例外。恋爱脑的人属于焦虑型依恋模式，这并不是说不可以改变。我们要有意识地认识到自己内心的空虚，先把自己内心的空虚填补好，再去恋爱。如果你不会游泳，总是换游泳池，也是无济于事的。

内在人格不完整的人，总是需要找补。你缺少自信，就会特别迷恋那种自信满满的人；你缺少勇敢，就会特别喜欢那种有担当的人；你缺少阳光，就会特别中意那种灿烂的人；你缺少果敢，就会特别喜欢那种有决断力的人。当你遇到一个可以弥补自己内心空缺的人时，你就对他产生一种依赖，就会觉得自己终于有救了。但这往往是最危险、最畸形的爱情，因为他人身上的闪光点对你来说不过是水中月、镜中花，并不属于你。你要做的是完善自己，让自己发光，而不是去借别人的光。修炼自己比谈恋爱更重要。

一段成熟高质量的爱情是发生在两个具有完整人格的人之间，相互滋养和欣赏的，绝不是一方的讨好和牺牲可以成全的。先让自己的内心完整起来，要知道爱情从来只是锦上添花，不会雪中送炭。他很优秀，你也棋逢对手，这样才能碰撞出真正的爱情。

▲ 放下对另一半的幻想，打造强大的支持系统，不要想着在另一半身上得到救赎

你还要早一点明白，另一半不是你的救世主，婚姻也不是你生命的全部。打造强大的支持系统，让生活更加丰富，把工作安排得满满当当，精彩纷呈，不要让自己的世界里只有一个他。去赚钱，去运动，去旅行，去交友，去学习，去充实自己；没事的时候去陪陪父母，晒太阳，插插花，听听音乐会，写写毛笔字，读经典好书，焚香打坐，弹弹琴，给自己写信都可以。一个有趣的灵魂怎么会整天围着一个男人转呢？充实自己比琢磨男人精彩多了！

建立一个支持性的社交网络，可以帮助我们在追求目标时保持动力。不要让你的多巴胺等激素全部来自你的另一半的刺激，你要打造自己强大的支持系统，这个支持系统会从各个方向给你带来激情，这样你就不会去依赖对方，也放下了对另一半的幻想。除此之外，给对方发信息，没收到回复，这没什么大不了的，你的世界不是只有他一个人，你还有很多朋友，很多爱好，很多自娱自乐的方式，不必花时间去琢磨对方为什么不回信息。这样你在感情中就不会患得患失，要知道安全感永远都是自己给自己的。多听听有浩然正气的歌曲，不被靡靡之音洗脑，做个明媚、阳光、独立、有完整人格的女性。多读读历史、哲学，读战略，做到心中有乾坤，而不是在幻象中苦苦挣扎。

▲ 不要失去自己

《玫瑰的故事》结尾处，黄亦玫念出了惠特曼的诗："世界在我面前，指向我想去的任何地方……我完全而绝对地主持着我。"感情中，你越是在乎，就越容易患得患失。钱会流向不缺钱的人，爱也会流向不缺爱的人。当你明白我不属于任何人，也不拥有任何人，减少期待，好好生活，凡事先讨好自己，至于别人，分心情、看交情。无论面对什么，都先斟满自己的杯子，再去考虑别人的需求。在任何关系里都不要失去自己，而是始终把自己放在第一位。

自我人格圆满，就能够做到自己爱自己，你的爱才会溢出来，溢给别人。然后才能真正地对别人好，才能学会爱别人。

觉醒时刻

爱情虽美，却如同锦上添花，而非雪中送炭。

我以骄傲的姿态站立于世，内心充盈着对自我的无限热爱与肯定。

我学会了真正的爱，那是一种源自内心深处的、无条件的给予。

　　我不再寻求外界的认可或依赖，我本身就是自己最好的伴侣与守护者。

　　我以这份完整的爱，去拥抱每一个走进我生命的人。这份爱，是自我成长的最高奖赏！

第五章

拒绝内耗

永远为自己撑腰

阳光积极、及时行动、知行合一，我们了解了行动力的本质，就拥有了兜底的实力。

知行合一：在知与行之间，把它写下来

　　总是有人问：为什么我学了那么多，还是没有变化呢？真应了那句：为什么知道了很多道理，却过不好这一生。这个世界上的大多数人都是这样，明明知道熬夜不好，却总有追不完的剧，打不完的游戏；明明知道锻炼身体很重要，健身卡办了一年也没去过一趟；去自习室自习，结果摆拍了几张照片，刷了一天视频，连书都没打开过；上课的时候激动万分，发誓回去定要痛改前非、大干一场，结果第二天醒来依然我行我素。

　　王阳明先生说："知者行之始，行者知之成。""知中有行，行中有知；知是行的主意，行是知的功夫"。人最大的痛苦就是无法做到知行合一。在学习和实践的过程中，只有领悟透彻了"知行合一"之后，人生才能真正地畅通无阻。

学到真知

在学习这个核心环节，一定要明白：不是谁教授的内容都能成为我们的"知"。正如张一鸣所说：认知能力决定一个人的核心竞争力，人对事情的认知是根本性的。学习中最关键的是要学"真知"，因为"真知"是"知行合一"的出发点，这个"知"是个投影源，如果这个"知"歪了、错了、反了，后面投影、放大出来的"行"必然会走样。

在现实中，一旦明确目标，你就可以读这个领域最经典的书，找最厉害的导师。这些书的作者或老师都是在这个领域有成果且被大家验证过的人，我们想尽一切办法向他们学习就行了。你要相信，你遇到的大部分问题，前人都有很成熟的解决方案，你只需要站在他们的肩膀上。

人类文明之所以越来越进步，就是因为后人能站在巨人的肩膀上。如果能跟随这些老师付费学习，那就是最有效的路径。因为这些最厉害的导师，确保教你的内容是"真知"，确保了投影源的准确有效。跟行业里最前沿的老师学习，是"知行合一"的前提，否则你的"知"都不对，再去"行"，就会失之毫厘差之千里。

在知道和做到之间，学会写下来

在我多年的学习过程中，我发现知道和做到之间，还有很重要的一个步骤就是写下来。

所有的事情，但凡你能够说出来、写出来，就能做出来，前提是你头脑足够清晰。实际情况是，很多人学完之后，充其量就是记下大量笔记，听完无数课程，其实大脑还是混沌的，并没有那么清晰，也没有跟现实中的情况做精准的对比。但是，如果你学习完，能把你学到的东西或者是你强烈感受到的内容写下来，你的认知又会上一个台阶。而且你能够把它和现实中的问题结合起来，做思维的拓展延伸，你对这个问题的认知绝对是鞭辟入里的。那么怎么把它写下来？其实我们可以进行复盘，写总结，写日记，甚至给自己写信。

▲ 复盘

只要在现实中受到了触动，认知上受到了冲击，或者一件事情在思维上形成了闭环，我一定会复盘。通过复盘我可以在这件事情或者这个人身上学习到哪些是关键点，这些关键点如何开阔了我的眼界，解决了我当下的问题，甚至为我提供了新的挑战。我要怎样去利用这些新认知来与我的现实结合，怎样才能在"行"上再上一个台阶？

▲ 写日记

我每天会写 3 条成就日记，发现自己生活中点点滴滴的进步和小确幸。久而久之，我发现这种方式有意识地培养了自己新的心智模式，比如积极主动、即刻行动、极致利他、100% 对自己负责等。

▲ 写总结

每年的年中和年终，我都会用平衡轮来总结一下自己的成就。通过这样的总结，我能够 360 度无死角地看到自己，看到自己的"知"到不到位，自己的"行"有没有跟上；做得好是什么原因，做得不好又是什么原因。"知"跟不上，就去补"知"；"行"跟不上，就去反思、复盘，检查自己有什么信念卡点，是技术方法跟不上，还是人员环境不支持，进而采取改进措施。

▲ 给自己写信

当我有情绪的时候，我会试着用写信的方式跟自己对话，用这种方式陪伴和深入了解自己。写着写着，我就会发现自己的情绪卡点在哪里了，我会看看自己有什么认知上的误解，内心为什么起冲突了。我会在这个投影源上解决这些问题，情绪和行为上的问题也就迎刃而解，可以睡个好觉了。

刻意练习

这一步是"知行合一"中的关键步骤，非常重要。在新手跃迁到高手的进阶之路上，掌握任何技能和提升任何能力，并不是低水平的重复就有效果，一定要学会刻意地练习。

大部分人通常会天真地认为：只要自己不停地做下去，一定能够更擅长，也许进步较为缓慢，但最终还是会更出色。但现实并不是这样，更坦白地说，某些长年混日子的可能还不及那些只工作了 5 年的人，原因在于，如果没有刻意地提高、有目的地去学习，就会习惯点到为止，这些自动化的能力会缓慢地退化。比尔·盖茨曾说过，1 万小时定律是有帮助的，但真正实现，还需要坚持不懈，并练习很多个周期。正如安德斯·艾利克森在《刻意练习》中说：刻意练习是针对某个有明确目标的技能，进行有目的的、专注的、包含反馈的，并且需要走出舒适区的重复练习。

如果我们想要跳脱出这种自动化的水平，摆脱天真的练习，就要"有目的地学习"，而不是反复做某件事。这就是刻意练习的精髓。要想取得进步，必须完全把注意力集中在你的任务上，刻意练习是要不断调用人的"有意注意力"。

▲ 明确目标

确定你学习和提高的具体目标。目标最好符合 SMART 原则，具体、可衡量、可实现、有相关性、有时间限制，比如说养成写作习惯，就可以这样定目标：每天 1 个小时写 1000 字。

▲ 分解技能

清晰是一种力量，我们明白了目标，还要明确实现路径。将目标技能拆解为最小的步骤和动作，深入了解这些环节的组成部分，并逐步学习和掌握每个步骤。

▲ 走出舒适区

你需要在稍稍超出自己能力的范围里练习，当你适应了 1 小时 1000 字的写作时，你可以给自己定 1 小时 1500 字的目标，成功之后，再尝试 1 小时写 2000 字，一步步走出舒适区。

▲ 及时获得反馈

刻意练习的关键是随时获得有效的反馈。你需要一个旁观者提供反馈来准确判别你在哪些方面还有不足，以及存在不足的原因。他必须演示一遍正确动作，指出错误动作，再演示一遍正确动作。

而有效的反馈，应该满足以下三个条件：

及时性：一旦不对，马上就有人给你指出来；

具体性：能够准确地、详细地给出反馈，不能笼统和含糊不清；

尊重性：对事不对人，不要批评、指责、人身攻击，避免当事人受到伤害。

不然，你不可能清楚自己在哪些方面还需要提高。所以要找到好的教练，不要自学。

不断践行

践行实习，这一步是"知行合一"中的临门一脚。在刻意练习阶段，大脑对于新技能并没有建立起新的连接，我们通过刻意练习去加深这个新连接，也就是说我们知道自己不知道，所以采取调用有意注意力的方法去强化它，在认知的四象限中，属于"知道自己不知道"。到了践行实习这个阶段，只有强化这个系列动作（各个要素关键点一气呵成），才能在大脑中建立起新的连接，内化为无意识，即要逐渐达到不知道自己知道的境界。渐渐地，这条大脑回路的各个点就都点亮了，整个大脑回路就通了。这就意味着你可以用潜意识去处理这件事情，也就真正掌握了这个技能，"知行合一"了。在工作和学习中，"知行合一"的最后一步就是不断将所学所练内化于心，成为我们的一个习惯和思维方式。

现实中，很多人做不到"知行合一"，就是因为不去刻意练习和践行实习。很多人在学了、听了之后就感觉自己会了，这是最大的问题。就像我们考驾照，没有人说学了科目一就可以拿到驾照了，没有实操，永远都是纸上谈兵，那种"知"是肤浅的，不到位的。只有坐到驾驶位，亲自系上安全带，点火发动，放下手刹，调挡，踩油门上路才能真正掌握驾驶的技术。所以我们也需要像科目二一样去刻意练习和实操上路。

保证"知行合一"中的刻意练习和实习是有意识地练习，在行为当中去不断地反复加深大脑回路。通过不断地刻意练习，让新知和真知逐渐成为我们下意识的反应和习惯。

心之所向，素履以往，生如逆旅，一苇以航。"知行合一"是我们逆行成长路上不断突破的秘密武器。正如彼得·德鲁克所说的：我们不只是要学习知识，更要学会如何将这些知识应用到实践中去。

"知行合一"并不是一句口号，而是一套完整的方法论，一旦你掌握了，你的学习成长也将高歌猛进！

觉醒时刻

我拒绝内耗的枷锁，挣脱自我设限的牢笼。我不再让犹豫与拖延成为前行的绊脚石，而是将它们视为通往成功路上微不足道的尘埃，轻轻一拂，便让它们随风而去。

我将这份自由，全然倾注于挚爱之事——无论是沉浸在书海，还是踏遍万水千山。时间，这位最坚实的盟友，见证并助推我，将每一个梦想逐一铸就为现实。我前行无惧，因为我知道，力量与时间同行，梦想终将照进现实。

战胜拖延症，开启破壁机模式

"拖延最大的坏处不是耽误，而是会使自己变得犹豫，甚至丧失信心。不管什么事，决定了就立刻去做，这本身就能使人生机勃勃，保持一种主动和快乐的心情。"你的压力源于无法自律，只是假装努力，现状跟不上内心的欲望，所以你焦虑甚至恐慌。把时间分给睡眠，分给书籍，分给运动，分给花鸟树木和山川湖海，分给你对这个世界的热爱，而不是浪费在无聊的人和事上，忘掉那些不可能的借口吧，去坚持一个"可能"的理由。

拖延症是指自我调节失败，在能够预料后果有害的情况下，仍然把计划要做的事情往后推迟的一种行为。拖延是一种普遍存在的现象。一项调查显示：大约 75% 的大学生认为自己有时拖延，50% 认为自己一直拖延。严重的拖延症会引发焦虑症、抑郁症等心理疾病。

拖延症的成因

▲ 完美主义

拖延症的成因有很大一部分来自完美主义。完美主义如何导致拖延症，以及如何解决，大家可以在下一篇文章里找到答案。

▲ 不喜欢就拖着不做

很多人做着自己不喜欢的工作，学着自己不喜欢的东西，还期待自己能够兴致盎然、主动积极地去做，但实际上这很难。然后就责怪自己"不自律"，这未免也太苛刻了。

正如奥利弗·温德尔·霍姆斯曾说："做你热爱的事，失败也是种享受。"做自己不喜欢的事情本来就是需要消耗自己意志力的。通常情况下，更不幸的是，一般这些人还不知道自己做这些的意义是什么。象与骑象人的故事中，理智的骑象人说赶紧做，但是下面感性的大象已经烦躁了，恨不得把骑象人给甩下来。

但是在现实中，很多人没有办法，一方面觉得自己做的事情没有意义，另一方面还不得不镇压着大象，必须做。可悲的是，这些人从来就没有做过自己爱做的事情，他们认为现实就是这样：去完成一件又一件不喜欢又没有意义的事情。对他们来说，小时候，学习就是在完成父母的期待；长大了，工作是在完成老板的期待；成家了，赚钱就是在完成妻子的期待。他们没有自己的喜好，也没有体会过做自己喜欢的事情时的激情，这种就叫虚假客体。他们所有的驱动力来自外在——骑象人的鞭子。

简单来说，这类人在孩童时期，他们的父母不允许孩子表达真实的需求，而且不断地要求孩子迎合他们的需求和期待，造成这些孩子没能发展出真实的自体，只发展出用来应对外部环境的虚假自体。所以一有机会，他们就会拖延，毕竟自己一点都不喜欢，能不干就不干。换句话说就是没有活出自己，而是活成了父母意志的延伸。我们每个人都要搞清楚自己人生的剧本——不是你父母的续集，不是你子女的前传，更不是你朋友的外篇。

▲ 被动攻击

晚上 9 点多了，二年级的子璇刚刚写完作业。妈妈一看时间就赶紧催她收拾书包，该洗澡睡觉了。结果催促了 5 遍，子璇依旧坐在那里看杂志，一声不吭，头都不抬一下，根本不搭理她。妈妈气不打一处来：晚上不睡觉，早上又起不来，到时候上课迟到了怎么办？妈妈正怒发冲冠地要拉子璇去卫生间，正在这个时候，大子璇 6 岁、正在上初二的姐姐一把将妈妈拉过来，说："妈妈，你看不出来妹妹在反抗你吗？这几天都是这样，她在跟你抗衡，你越这样，她反抗得越严重。你以前这样对我，我就是这样想的。你得换个方法才管用！"这时候妈妈看了一眼大女儿，倒吸了一口气反思自己：是的，最近工作上项目要收尾，烦躁得很，对待孩子确实没有太多耐心，更多的是想赶时间，赶进度。这时候，她沉下心，轻柔地对子璇说："孩子，看看杂志休闲一下也是应该的，你决定几点洗澡啊？妈妈相信你能做好自己的事！"妈妈说完就去忙自己的事情了。没一会儿，只见子璇看了一眼时钟，便主动放下杂志，开始去洗漱了。妈妈也松了一口气。

其实，不仅仅是孩子，还有下属，你越催他，要求他，他越慢，越做不好。这个时候，拖延就是一种无声的反抗，是一种被动攻击。不是所有抵抗都需震耳欲聋，拖延有时是最温柔的反抗。那些总是被要求，总是被催促，但是明着又反抗不过父母的孩子，最容易用拖延来反抗。是的，我承认打不过你，但我还不能阳奉阴违地拖着吗？他们在用这种方式来抵抗侵入性的外部压力。有时候，哪里有压迫，哪里就有反抗。要知道，父母越侵入，反抗不了的孩子就会越被动；工作亦然，领导越侵入，反抗不了的下属就会越拖延。在时间的沙漏中，拖延是一粒粒缓慢落下的沙，它们记录着我们对现状的不满，以及对更好未来的默默期待。

▲ 身体的原因

我有个朋友是一家上市公司的副总裁，她特别能干，特别能闯，外号"破壁机"。她的行动力像破壁机一样，咔咔一顿干就干完了。但是有一段时间她觉得自己什么事情都做不好，做什么事情都力不从心，达不到原来的破壁机模式，为此她还不停地责怪自己。有一次她来我家，我有个做中医的闺密也在。刚好聊到这个话题，中医朋友就对她说："你知道吗？造成现状的原因是你的身体跟不上。你看你的脸色发白，指甲也是发白的，就说明你的气血不足。"我那个朋友一听就恍然大悟，因为她才生完孩子不到一年，气血亏空没有好好补上来，而且每天晚上还要照顾孩子，消耗非常大。其实每个人不可能一天 24 小时、一年 365 天都处于打鸡血、破壁机的状态。我们，尤其是女性，要学会养用结合，用的时候就好好用，把好钢用在刀刃上，其他的时间要好好养护自己。

我平时上课用嗓比较多，一开始也没有这个意识，只觉得自己一说话就很累，没事就不想说话。其实就是因为话说多了气跟不上，后来我就有意识地去给自己补气。在不需要我说话的时候，我尽量闭嘴；红参等保健品一直随身携带；完成一个项目后，到一个风景好的景区独处几天，好好地养一下自己。很多女性是上马要打仗，下马要照顾家庭，非常辛苦。如果你也属于这种情况，一定不要急着去责怪自己，好好养一养自己。养是为了更好地用，磨刀不误砍柴工。

当然了，拖延并不一定是单一的原因，可能是好几种因素交织在一起共同作用的结果。对自己拖延症原因的颗粒度把握得越精准越详细，就越能够找到根源，对症解决。

如何拒绝拖延症？

▲ 行动是最高级的表达

学习的时候，你选择认真学习，也就意味着你选择放弃了跟别人闲聊、浏览视频、打游戏等其他的事。睡觉的时候，你选择踏实睡觉，也就意味着你选择放弃了玩电脑、整理资料、工作、约会、泡澡等其他的事。

《道德经》上说："道生一，一生二，二生三，三生万物。"每个人都在不同的领域和位置，用不同的观点和自己的方式来呈现和阐述"道"。我一直在思考我们现实生活中什么是"道"，直到有一天读到一句话："弱水三千，只取一瓢饮。"那一刻，我突然领悟到：这弱水三千，跟我没有任何关系，只取一瓢饮，这一瓢才是属于我的，这一瓢是我的"道"。我们总是担心未来，追悔过去，像钟摆一样来回摆动，殊不知喜悦只能发生在当下，当下就是你的"道"；我们总是担心别人怎么评价我们，总是求外在的认可，殊不知自己正是那个"道"；晚上12点了，你想睡觉，想打游戏，想完成论文，想泡澡，想浏览视频，想继续跟别人聊天，想做的事情有72种，但是你真正去行动、去做的正是那个"道"。

拖延是时间的窃贼，它会偷走你的今天，让你无法拥有一个充实的明天。立即行动，夺回属于你的时间。行动是最高级的表达，所以提高行动力是克服拖延症的有效方法。行动意味着你选择做一件事，而拒绝了其他71件事。一个人需要有放弃其他事情的勇气、决心，才能高效地行动，做好手头的一件事情。因为行动说明你心甘情愿地放弃其他事情，把当下的时间完完全全用在一件事情上。

▲ 找到自己真正热爱的事业

针对虚假自体这部分人而言，不拖延就是要找到自己真正热爱的事情。正如我们在前面如何完成目标的部分说过，我们要"设定目标和完成目标"，做让自己开心的事，这样才能保证你是在开心、高能的状态下完成目标。当你找到了你所热爱的，你就找到了你人生的使命。

如果你做其他事情并不拖延，只是做某一件事情拖延，那你要好好去探寻一下，这个事情真的有必要做吗？也许潜意识在保护你，不让你做呢？人的时间、精力、意志力都是有限的，这个世界上并不是所有的事情都值得我们投入行动。行动力本质上是生命力，在投入这么珍贵的生命力之前，你是不是要筛选一下？

▲　一点点思维

确定明确的目标和计划是克服拖延症的第一步。一个清晰的目标能够让我们明确自己要做什么，而详细的计划则能帮助我们安排好完成任务的时间和步骤。这有助于增强我们的行动力和自控力，克服拖延的倾向。在这里尤其要注意的是，在目标的设定和计划上，可以有"一点点思维"，先做一点点，让自己无门槛上路，感受一下。比如锻炼不能坚持，那你就先做一个俯卧撑，或者先下楼遛弯5分钟。我就有这样的经历，在我犹豫是否要锻炼时，刚好来了一个电话，所以我就索性在楼下边走边说，一下子走了40分钟。不仅没耽误我的工作，还感觉神清气爽，而且对于运动也有那么一点喜欢了。渐渐地，我喜欢上了每天运动的感觉，养成了运动的习惯，一天不运动，身体就不自在。

你可以将大目标分解成小目标，并为每个小目标设定具体的完成时间和期限。这样做可以让你更好地掌控任务进度，从而克服拖延的倾向。不要试图一口吃成个胖子，要一步步来，每个小成就都是通往成功之路的基石。

满满的行动力来自满满的爱。这个世界透过所有的人和事来爱你，希望你能早点看透这一点，爱自己，爱这个世界！

觉醒时刻

我相信，所志之事，必达彼岸！

我的步伐坚定而有力，每一步都踏出了对未来的宣言，充满了力量。

我不仅是追梦者，更是自我塑造的匠人，披荆斩棘，无惧任何艰难险阻。

我的勇气，如同烈火中重生的凤凰，每一次挑战都让我更加坚忍，更加辉煌。

接纳自己，为自己撑腰

"要么不做，要做我就做到最好！"这句话你熟悉吗？这就是我曾经的口头禅和精神支柱。我曾经还以此为傲，觉得自己不是个随便的人，但是长期的完美主义让我踌躇不前，瞻前顾后，裹足不前，甚至不断攻击自己。我知道它严重地阻碍我了，于是我专门研究了完美主义，并成功地把自己解救了出来。这里就跟大家分享一下。

完美主义可以分为正常完美主义和神经质完美主义两种类型。正常完美主义追求成功需要的一个层面，具有积极的意义。对于正常完美主义，需要澄清一个误区：那就是完美主义和追求卓越是两码事。奥普拉·温弗瑞曾经说过："我不是完美主义者。我只是追求并需要达到卓越。二者是有区别的。"她非常清醒地分辨出完美主义和追求卓越是两码事。所以对于正常的完美主义，它的本质其实是追求卓越。

而神经质完美主义往往伴随着严重的自我批评，往往会让人陷入沮丧和自卑之中，这是一种强迫症。对我们危害更大的是指这种神经质的完美主义。

人为什么会有完美主义倾向？

正常完美主义其实不用多说，就是一个误解。这里我们重点说说神经质完美主义，这种完美主义的形成大多受原生家庭的影响，尤其是过分严苛的父母。这一类父母对孩子会有很高的期待，从而过分关注孩子的错误，当然本意是想让孩子努力做到完美，但是这种教育方式会导致孩子形成神经质完美主义的人格特质。因为这类父母的标准特别高，对孩子的优秀品质总是视而不见，总是在挑剔、评判，鸡蛋里面挑骨头，常常让孩子觉得自己一无是处，感到绝望和沮丧。如果长期在这种高压的环境下长大，这种严苛的标准就会内化到孩子的内心，父母挑剔的声音会伴随着孩子的一生。

这种人往往在做事的时候会拖延，从心理学上来说，这种性格特质会导致人的分析瘫痪：担心自己选错，以至于宁可不选择，不行动，不开始。很多人恐惧选择或行动背后的成本，所以孜孜不倦收集信息，而不愿意决策，也就是我们所说的"很擅长谋，而不擅长断"。谋和断，是两种不同的性格特质，如果能共济，会助你走到人群的前列。按照武志红老师的观点，这其实也是自恋的表现：可以用"我如果当时选择了，就会得到更好的结果，所以我只不过错过机会而已，不是我没能力"这样的借口去欺骗自己，欺骗别人，但这往往是很多人的真实写照。

如何打败完美主义？

▲ 分清追求卓越和完美主义的区别

对于一个追求卓越的人来说，他不必再给自己贴上完美主义的标签，彻底分清追求卓越和完美主义之间的区别，不要给自己负面的评价。追求卓越也是在既定的初始版本上不断成长、迭代、更新，而完美主义要么迟迟不能开始，要么就是固定死了，不能再有变化。

卡罗尔·德韦克在《终身成长》这本书里说："成长型思维模式者认为成功来源于尽自己最大努力做事，来源于学习和自我提高。"我们要用成长型思维去看待结果。因为完美意味着终结，意味着不会变化了。这违背了创造、迭代的成长型思维。所以完美主义其实是固定型思维。对于一个成长型思维的人来说，先做出一个结果，然后在这个基础上不断更新、迭代，随着时间的变化，它会生长，它会生发新的内容、新的可能性、新的枝丫。所以我们要做一个有成长型思维的追求卓越的人，不要做固定型思维的完美主义者。

▲ 不用事事都完美，选择性完美，放轻松

神经质的完美主义，它存在一点强迫症特质，所有的事情都要求完美，达到自己的标准。这根本就不现实，因为这个世界就不是完美的。对于这种情况，我们可以把自己生活和工作中的事情分类，哪些是重要的，需要花费更多的时间和精力追求卓越，另一些不重要的事情放轻松就好。不要事事都追求卓越：对于你的项目，你可以追求卓越；但是你的衣服、餐具、家具，就没有必要做到样样完美。

这样的好处是你可以节省时间和精力，专注于那些对你来说真正重要的事情；同时在不那么重要的事情上，学会试着放松自己，享受生活。所以某些领域可以要求高一点，但是没必要把完美主义武装到头发丝，那样只会把你自己折磨得疲惫不堪。

▲ 不要顶着完美的借口去拖延

不管做什么事情，都需要时刻忍耐各种各样的不完美，否则事情根本无法完成。因为这个世界就是不完美的，不完美是一种真实的、美的存在。

一些完美主义者宁愿不做也不愿落下不好的名声，即不求有功，但求无

过。但是这个世界上根本就不存在完美。完美主义总是跟脆弱、不懂现实、立竿见影、一蹴而就、在乎别人的看法、在乎结果的成败以及很容易受伤联系在一起，这其实就是人没有真正在事上磨炼过。在大海上航行的船，哪一艘不带着伤?

我们说心智是一个人知识和经验的总和，包括人对问题的思考结果和思考模式，这绝对不是纸上谈兵能谈得到的，这一部分的"知"就是经验得出来的。就像《天道》中芮小丹说的，凡是你给我的我接不住，必须得是我自己悟到的才接得住。

我们一定要提防拖延症给自己找到很多理由和借口，把自己标榜为完美主义，用来抬高自己。其实这是最愚蠢的，在认知的源头就错了，因为在这个世界上完美根本就不存在。

既然明白了这一点，那就直接去做，然后通过一次又一次的持续打磨和更新，就像我们写文章、画画、打磨钻石一样，一遍遍地让它接近完美。第一遍肯定都是"稀巴烂"，这一点毋庸置疑。当你有了这种心态、认知和体验之后，你就会发现在很多事情上拖延症根本不存在。

人生是用来体验的，不是用来演绎完美的，接受迟钝和平庸，允许出错，允许自己偶尔断电，带着遗憾拼命绽放!这是与自己达成和解的唯一办法，放下焦虑，和不完美的自己和解，然后去爱那个完整的自己。

▲ 尽早启动内外两大引擎系统

强迫症似的完美主义者，其内在总是充满了一种挑剔、不接纳、习惯性的负面评价的声音，这种声音往往来自童年时代的养育者，它已经内化为一种模式。要解决这个问题，其实就是要寻找真正充满包容、接纳和爱的环境。

我之所以能够写下这篇关于完美主义的文章，就是因为我之前长期受其困扰，我是一个典型的神经质完美主义者。我是脑子思考得多，纸上谈兵时候多，多"谋"的类型。但我这种人偏偏缺少决断，面对机会、建议，迟迟不能动手，行动力差，总是在脑子里想来想去，考虑这个考虑那个。还没有出兵打仗，就已经在帷帐之中殚精竭虑了。

但是如今我成长为一个行动力极强的人：说做项目就做项目，说创业就创业。我是怎么做到的呢？这里跟大家分享一下。这其实要追溯到原生家庭，我出生在一个不允许出错的高压环境，严厉的爸爸和挑剔的妈妈。举个例子，前几年我父母跟我一起生活，帮我照顾孩子。一个周末，我爸爸跟邻居叔叔一起起了个大早，开车去很远的菜市场买菜。很显然，他开开心心地回来了。到了门口，他从装菜的小车里一点一点地把菜拿下来，我妈妈在玄关接他递过来的菜。可是她每接一种菜，就会批评我爸一次："你看你，买的什么？这个白菜都蔫了！你看你买的肉，这么多肥的，买的时候难道都不看一眼吗？

卖菜的只会骗你这种老头！你看你买的玉米，全剥开了，一看就知道是别人挑剩下来的！……"当时我跟我老公在一边都看傻眼了，从头到尾，她对我爸爸的劳动没有一句表扬或者肯定。肉眼可见的，我老爸的心情也从高高兴兴变成垂头丧气，最后跟我妈大吵一架。

我从小在这种环境下长大，对批评、否定、打压已经司空见惯。这种情况破局的关键在于建立强大的自我，把评价权夺到自己手上，不要被外在的期待和标准牵着鼻子走。安娜·昆德拉曾说："真正的困难之处在于放弃追求完美，转而寻找自我，这才是真正令人称道之处。"完美主义的核心在于获得他人的接纳和认可，完美主义不是自我完善，而需要反其道而行之。所以，成长和不断获取成果是你改命的第一步。

值得一提的是，我们要为自己打造一个多系统支持体系，我们还可以选择"后天家人"——朋友、老师、同事。幸运的是，我身边就聚集了一帮高质量的好朋友。他们总是给我很多滋养、爱护和灵魂的交流。在他们的守护下，我渐渐地感受到我是被爱的，我是有价值的。这些人的存在，让我觉得我是幸福的，我被一群人爱着，我也深深地爱着这一群人。他们见过我的狼狈，但不会笑话我；见到我取得成绩，会真心地为我鼓掌。渐渐地，我耳边那些挑剔声、批评声、责备声就消失了。而且我内心经常升腾出这样的自豪感：晴山，你又进步了，真为你高兴！当你有了内外这两大引擎之后，你就会开启真实的世界，不再被完美主义所羁绊了。

这个世界本来就没有绝对的对与错，普通人的生活中，也许你不经心的一个小错误会带来意想不到的浪漫。不是很美好也没关系，反正总会有人爱那样的你，不仅爱你花团锦簇，也爱你满身淤泥。你是被爱的，你是被祝福的，你是被接纳的！我为此作了一首小诗，在这里也分享给你，希望能够疗愈你。

做一个有趣的人

哪怕出了错误

在你的面前滑了一跤

那又有什么关系呢

不过是在爱我的人和我爱的人面前

添一点小乐子

拍拍屁股

撒娇着让你伸出手拉我

大笑爬起来，再一起赶路

愿你身边全都是你爱的和爱你的人！

觉醒时刻

　　我愿意付出所有努力，不懈追求，直至那甘甜的胜利之果挂满枝头，闪耀着属于我的光芒。它让我在一次次跌倒后更加坚强，在一次次挑战中超越自我。

　　当梦想璀璨绽放的那一刻，所有的汗水与泪水都将化作最耀眼的珍珠，镶嵌在我人生的冠冕之上。

　　只要心中有光，脚下就有路；只要信念不灭，梦想终将照进现实。